セルフチェックと動画でよくわかる！

イージー
フロッシング
マニュアル

EASY FLOSSING MANUAL

大野有三 編著　　株式会社サンクト・ジャパン 協力

ベースボール・マガジン社

はじめに

　フロッシングは、まったく新しいコンディショニングのテクニックです。ゴム製のバンドを身体に巻きつけて圧迫し、その状態から皮膚、関節、筋肉を動かすことで、いわゆる「筋膜」の状態を改善し、動作時の違和感を緩和したり、関節可動域を増加させたりする手法です。

　日本ではまだ注目され始めた段階ですが、欧州ではスキー強国のナショナルチームがすでに導入、2018年平昌オリンピックの舞台裏でも盛んに使用され、選手たちのパフォーマンスを高める役割を果たしました。ドイツのサッカーリーグ（ブンデスリーガ）でも普及が進んでおり、ケガの予防はもちろん、ケガからの早期の復帰に貢献しています。サッカーの元日本代表選手だった、秋田豊・現サンクト・ジャパン代表取締役が日本での普及活動に取り組まれているきっかけもそこにありました。

　本書は、フロッシングのテクニックの中でも最も体系的かつ実用的といえる「Easy Flossing®（以降、本書ではイージーフロッシングと表記）」のメソッドを紹介しています。このテクニックは理学療法士であるスヴェン・クルーゼ氏によって考案されました。そして、クルーゼ氏が共同開発したフロッシング用バンド「COMPRE Floss™（以降、本書ではコン

コンプレフロスの共同開発者
スヴェン・クルーゼ 氏

ドイツ出身のスポーツ理学療法士。イージーフロッシングの創始者であり、その専用フロスバンドである「コンプレフロス」の共同開発者。ライフガード、介護助手、インストラクターなどを経験したあと、1992年にカイロプラクティック療法と徒手療法のための訓練施設を立ち上げた。94年には、リハビリテーションセンターを設立。現役時代はウェイトトレーニングの第一人者で、国内外のトップアスリートのコーチとしても活躍している

プレフロスと表記）」の日本総代理店である、サンクト・ジャパン社の協力の下、「イージーフロッシングアカデミー」でマスタートレーナーの資格を取得した私、大野有三。フィジオ・フィット代表（理学療法士）が本書を著しています。

「自分でフロッシングできること」が、本書の目的とするところです。部位ごとの巻き方やフロッシングのしかたについて、写真と文章だけではなく、サンクト・ジャパン社提供の動画と連動させる形で、複層的に説明しています。「見よう見まね」で、効果を上げてください。もちろん、フロッシングを行う際は、禁忌事項には十分注意していただきますよう、お願いいたします。

正しい手順を正確に理解して、自分で「巻いて、捻って、伸ばして、動かす」を実践し、ぜひ、その効果のほどを実感してください。身体の痛みや不具合を改善し、神経と意識が身体の隅々まで行き届く感覚を得て、そして最高のパフォーマンスを自分の身体で表現する準備を整えてください。「身体が思い通りに動くこと」に感動していただきたい、その一点を伝えるために本書をつくりました。

大野有三

セルフチェックと動画でよくわかる！

イージーフロッシング マニュアル

CONTENTS

はじめに ……………………………………………………… 2
本書の使い方 ………………………………………………… 10
動画の見方 …………………………………………………… 11
自分に適したコンプレフロスを選ぼう …………………… 12

第1章　13
フロッシングに重要なファシア

1-1　ファシアとは何か ……………………………………… 14
1-2　ファシアと動き ………………………………………… 16
1-3　ファシアはなぜ悪くなるのか ………………………… 18
ファシアの症状チェックシート …………………………… 20

第2章　21
フロッシング実施の基本

1-1　フロッシングとは何か ………………………………… 22
1-2　使用上の注意 …………………………………………… 24
1-3　フロッシング実施のポイント ………………………… 28
1-4　ファシアの状態をチェックする ……………………… 30
1-5　浅層のファシアをチェックする ……………………… 32
1-6　関節可動域をチェックする …………………………… 33
なぜ、コンプレフロスなのか？ …………………………… 34

第3章　35
イージーフロッシング 上肢

【肩のフロッシング】
セルフチェック ……………………………………………… 36
1-1　肩に巻く方法 …………………………………………… 38
皮膚へのアプローチ
1-2　肩の皮膚を捻る ………………………………………… 39

関節へのアプローチ

1-3　肩を伸ばす　〔初級1〕大きく肩回旋　〔初級2〕水平伸展、屈曲 ················· 40

〔中級〕斜めに伸展外旋、屈曲内旋 ························ 41

筋肉へのアプローチ

1-4　肩を動かす　〔初級1〕サイドレイズ ································· 42

〔初級2〕ラットプルダウン ································· 43

〔中級1〕腕立て伏せ　〔中級2〕壁から腕を離す ·················· 44

1-5　巻き方のバリエーション　肩甲骨に効かせる巻き方 ······················· 45

【ヒジのフロッシング】

セルフチェック ·· 46

2-1　ヒジに巻く方法 ··· 47

皮膚へのアプローチ

2-2　ヒジの皮膚を捻る ··· 48

関節へのアプローチ

2-3　ヒジを伸ばす　〔初級1〕ヒジの屈伸　〔初級2〕前腕の回内外 ·········· 49

〔中級〕前腕回外＆肘屈曲、前腕回内＆肘伸展 ··············· 50

筋肉へのアプローチ

2-4　ヒジを動かす　〔初級1〕スーパーループバンドを使ったアームカール ····· 51

〔初級2〕ダンベルを使ったトライセプス ··················· 51

〔中級1〕腕立て伏せ　〔中級2〕イスを使ったトライセプス ··· 52

2-5　巻き方のバリエーション　ヒジに痛みがある場合の巻き方 ················· 53

【手首のフロッシング】

セルフチェック ·· 54

3-1　手首に巻く方法 ···55

皮膚へのアプローチ

3-2　手首の皮膚を捻る ··56

関節へのアプローチ

3-3　手首を伸ばす　〔初級1〕回旋　〔初級2〕底背屈ストレッチ ············· 57

〔中級〕床を使った底背屈ストレッチ ····················· 58

筋肉へのアプローチ

3-4　手首を動かす　〔初級1〕ミニループバンドを使ったリストカール ·········· 59

〔初級2〕リバースリストカール ························· 59

〔中級〕腕立て伏せ ································· 60

3-5　巻き方のバリエーション　手首から前腕全体に巻く　　　　61

【手指のフロッシング】

セルフチェック ·· 62

4-1　手指に巻く方法 ··· 63

皮膚へのアプローチ

4-2　手指の皮膚を捻る ··· 64

関節へのアプローチ
4-3　手指を伸ばす　〔初級1〕前後にストレッチ　〔初級2〕手指開閉 ················· 65

筋肉へのアプローチ
4-4　手指を動かす　〔初級〕手指開閉　〔中級〕ボールを握る ···························· 66

第4章
イージーフロッシング 下肢
67

【股関節のフロッシング】
セルフチェック ·· 68
1-1　股関節に巻く方法 ·· 69

皮膚へのアプローチ
1-2　股関節の皮膚を捻る ·· 70

関節へのアプローチ
1-3　股関節を伸ばす　〔初級1〕その場で足踏み　〔初級2〕股関節を大きく回旋 ··· 71
　　　　　　　　　　〔初級3〕フロントキック　〔初級4〕バックキック ············ 72
　　　　　　　　　　〔中級1〕大殿筋のストレッチ　〔中級2〕体育座りで股関節内旋 ··· 73

筋肉へのアプローチ
1-4　股関節を動かす　〔初級〕スクワット　〔中級1〕サイドスクワット ·············· 74
　　　　　　　　　　〔中級2〕フロントスプリットランジ　〔中級3〕クロスランジ ··· 75
　　　　　　　　　　〔上級1〕その場ダッシュ　〔上級2〕ホッピング ·············· 76

1-5　巻き方のバリエーション　股関節の前部が痛いときに、さらに効かせる ··· 77
　　　　　　　　　　　　　　おしりが痛いときに、さらに効かせる ········ 78
　　　　　　　　　　　　　　ハムストリングスの肉離れに、さらに効かせる ··· 79

【ヒザのフロッシング】
セルフチェック ·· 80
2-1　ヒザに巻く方法 ·· 81

皮膚へのアプローチ
2-2　ヒザの皮膚を捻る ·· 82

関節へのアプローチ
2-3　ヒザを伸ばす　〔初級〕スクワット　〔中級〕フルスクワット ·············· 83

筋肉へのアプローチ
2-4　ヒザを動かす　〔初級〕ニーアウトスクワット ······························ 84
2-5　巻き方のバリエーション　ヒザに痛みが出ているとき　太ももの硬さをとる ··· 85

【足首のフロッシング】
セルフチェック ·· 86
3-1　足首に巻く方法 ·· 87
皮膚へのアプローチ
3-2　足首の皮膚を捻る ·· 88

関節へのアプローチ

3-3　足首を伸ばす　〔初級1〕踏み込み動作　〔初級2〕足首回し ……………… 89

〔中級〕しゃがみ込み姿勢でサイドシフト ……………… 90

筋肉へのアプローチ

3-4　足首を動かす　〔初級1〕カーフレイズ　〔初級2〕歩行 ………………… 91

〔中級1〕ドンキーカーフレイズ　〔中級2〕連続ジャンプ …… 92

3-5　巻き方のバリエーション　足首の柔軟性をより出す ………………………… 93

【足指、足部のフロッシング】

セルフチェック ……………………………………………………………………… 94

4-1　足指、足部に巻く方法 ………………………………………………………… 95

皮膚へのアプローチ

4-2　足指、足部の皮膚を捻る ……………………………………………………… 97

関節へのアプローチ

4-3　足指、足部を伸ばす　〔初級〕手を使って親指のストレッチ ……………… 98

〔中級〕足指伸展、正座ストレッチ ……………… 99

筋肉へのアプローチ

4-4　足指、足部を動かす　〔初級1〕握る　〔初級2〕前方踏み込み ……………… 100

第5章　101
イージーフロッシング 体幹

【胸椎、胸郭のフロッシング】

セルフチェック ……………………………………………………………………… 102

1-1　胸椎、胸郭に巻く方法 ………………………………………………………… 103

皮膚へのアプローチ

1-2　胸椎、胸郭の皮膚を捻る ……………………………………………………… 104

関節へのアプローチ

1-3　胸椎、胸郭を伸ばす　〔初級1〕回旋　〔初級2〕側屈 …………………… 105

〔初級3〕呼吸　〔初級4〕伸展 …………………………… 106

〔中級1〕アイソレーションサイドシフト ………… 107

〔中級2〕アイソレーションフロントシフト＆バックシフト … 107

筋肉へのアプローチ

1-4　胸椎、胸郭を動かす　〔初級1〕バックエクステンション ………………… 108

〔初級2〕ハーフクランチ ………………………………… 108

1-5　巻き方のバリエーション　高さを変える ……………………………………… 109

【腰、骨盤のフロッシング】

セルフチェック ……………………………………………………………………… 110

2-1　腰、骨盤に巻く方法 …………………………………………………………… 112

皮膚へのアプローチ
2-2　腰、骨盤の皮膚を捻る …………………………………… 113

関節へのアプローチ
2-3　腰、骨盤を伸ばす〔初級1〕回旋　〔初級2〕側屈 …………… 114
　　　　　　　　　　〔初級3〕前屈　〔初級4〕伸展 ………………… 115
　　　　　　　　　　〔中級1〕サイドシフト〔中級2〕アイソレーション（骨盤前傾、後傾）… 116

筋肉へのアプローチ
2-4　腰、骨盤を動かす〔初級1〕バックエクステンション　〔初級2〕クランチ … 117
2-5　巻き方のバリエーション　胸郭と骨盤同時のアプローチ ……………… 118

第6章　119
日常の疲労に対して

日常の疲労に対してできること ………………………………………… 120

【太もものフロッシング】
1-1　太ももに巻く方法 …………………………………………… 122

皮膚へのアプローチ
1-2　太ももの皮膚を捻る ………………………………………… 123

関節へのアプローチ
1-3　太ももを伸ばす　股関節回し ……………………………… 123

筋肉へのアプローチ
1-4　太ももを動かす　スクワット ……………………………… 124
1-5　巻き方のバリエーション 鼠蹊部に近い部分に巻く ……………… 124

【ふくらはぎのフロッシング】
2-1　ふくらはぎに巻く方法 ……………………………………… 125

皮膚へのアプローチ
2-2　ふくらはぎの皮膚を捻る …………………………………… 126

関節へのアプローチ
2-3　ふくらはぎを伸ばす　空中で底背屈 ……………………… 126

筋肉へのアプローチ
2-4　ふくらはぎを動かす　アキレス腱伸張位から底屈 ……………… 127

【上腕のフロッシング】
3-1　上腕に巻く方法 ……………………………………………… 128

皮膚へのアプローチ
3-2　上腕の皮膚を捻る …………………………………………… 129

関節へのアプローチ
3-3　上腕を伸ばす　回旋 ……………………………………………………… 129

筋肉へのアプローチ
3-4　上腕を動かす　ヒジの屈曲、伸展 ……………………………………… 130

【前腕のフロッシング】
4-1　前腕に巻く方法 …………………………………………………………… 131

皮膚へのアプローチ
4-2　前腕の皮膚を捻る ………………………………………………………… 132

関節へのアプローチ
4-3　前腕を伸ばす　手首の回旋 ……………………………………………… 132

筋肉へのアプローチ
4-4　前腕を動かす　手のひらの開閉 ………………………………………… 133

5-1　パフォーマンスを高める、競技中の疲労への対処 ……………………… 134

フロッシングの医学的エビデンスの研究 …………………………………… 135

【美尻トレーニング】
基礎知識１ 運動不足、加齢によるおしりの変化 …………………………… 136

基礎知識２ 理想の美尻をつくる２つの活性化 ……………………………… 137

美尻をつくるアプローチ
6-1　おしりを動かす　バックキックwith ミニループバンド …………… 138
6-2　おしりを動かす　サイドキックwith ミニループバンド …………… 138
6-3　おしりを動かす　フルスクワットwith ミニループバンド ………… 139
6-4　おしりを動かす　モンスターウォークwith ミニループバンド ……… 139

イージーフロッシングのさらなる展開 ……………………………………… 140

著者、モデル紹介　引用、参考書籍 ………………………………………… 141

おわりに ………………………………………………………………………… 142

本書の使い方

コンプレフロスを利用したイージーフロッシングを有効に行うためには、あらかじめ決められた手順を守る必要があります。本書では、その手順に沿った形で各部位のフロッシング方法を紹介しています。

フロッシングの手順
❶セルフチェック
❷バンドを巻く
❸皮膚へのアプローチ「捻る」
❹関節へのアプローチ「伸ばす」
❺筋肉へのアプローチ「動かす」
❻バンドを外して「伸ばす、動かす」

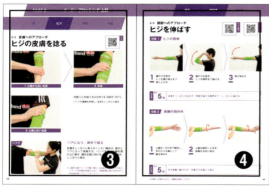

基本知識と実施の流れについては、第1章から第2章を読み、理解しましょう。部位ごとの「❶セルフチェック」については、第3章以降の各処置部位ページごとに掲載されています。「❷バンドを巻く」、「❸捻る」、「❹伸ばす」、「❺動かす」については、第3章以降の部位ごとに説明しています。❹と❺のメニューについては、負荷の大きさ別に初級から上級まで紹介していますが、実際に施す際には、その中の1種目を選んで行ってください。なお、❻バンドを外して「伸ばす、動かす」についても、❹と❺で選んだメニューを行ってください。

本書に関する注意
- 本書で紹介した技術は、内出血など、身体に負荷がかかる可能性があります。実施に不安がある場合は、医師に相談するなどした上で行ってください。また、P24～27までの原則と禁忌事項を遵守し、安全を考慮した上で行ってください
- 本書で紹介した技術を実施して、生じた事故や障害(傷害)について、著者、監修者、発行者は、責任を負いません

動画の見方

　コンプレフロスを利用したイージーフロッシングを有効に行うためには、あらかじめ決められた手順を守る必要があります。本書では、その手順に沿った形で各部位のフロッシング方法を紹介しています。

動画内容

　映像は、すべて本書のために撮影、編集されたものです。本書の第3章から第6章で紹介している、各メニューの内容の一部を動画でご覧いただけます。書籍同様、各メニューの正しい動作とポイントを実演、解説しています。

動画視聴に関する注意

●動画は、インターネット上の動画投稿サイト「YouTube」に投稿されたものに、QRコードを読み込むことでリンクし、視聴するシステムです。経年によって、「YouTube」、QRコード、インターネットのシステムが変更、終了し、視聴不良などが生じた場合でも、著者、監修者、発行者は、責任を負いません。また、スマートフォンなどで視聴制限がある契約をされている方が、長時間の動画視聴をされた場合の視聴不良などに関しても、著者、監修者、発行者は責任を負いかねます

●本書および動画に関するすべての権利は、著作者に留保されています。著作者の承諾を得ずに、無断で複製、放送、上映、インターネット配信をすることは、法律で禁じられています。また、無断で改変したり、第三者に譲渡、販売をすること、営利目的で利用することも禁じます

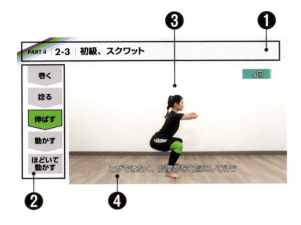

動画画面について

動画画面では、運動メニューを次のように
表示しています。

❶各メニュー名とメニュー番号
❷バンドを巻く、捻る、伸ばす、動かすなどの
　フロッシングの各ステップ
❸各メニューの動画
❹各メニューを行う上でのポイント

※QRコードは(株)デンソーウェーブの登録商標です

導入するその前に

自分に適したコンプレフロスを選ぼう

　フロッシングを実施するには、フロスバンドが必要です。本書では、「Sanctband®」のコンプレフロスを使用しています。コンプレフロスには、4種類の硬さと4種類の形があります。アプローチしたい場所、性別、体重、運動頻度（アスリートか一般か）によって、適した硬さと形が変わります。下の表を参考にし、ご自分に適したコンプレフロスを選んでください。アスリートか一般かの判断基準としては、息切れを起こすくらいの1時間以上の運動を週4日以上行っている人をアスリートとしています（例：部活選手、実業団選手、スポーツを趣味でする人）。

　初めてのフロッシングで不安な人は、ライムグリーンのコンプレフロスを利用しましょう。身体能力やフロッシング技術の向上に応じて、硬く、圧が強いものに交換することも有効な方法です。

コンプレフロス診断

手、手首、足部、足指							
	幅	長さ	硬さ	男性		女性	
				アスリート	一般	アスリート	一般
ライムグリーン	1inch	2.0m	ライト	～60kg	～65kg	～65kg	～70kg
ブルーベリー	1inch	2.0m	ミディアム	66～80kg	66～90kg	66～90kg	71～100kg
プラム	1inch	2.0m	ヘビー	81～100kg	91kg～	91kg～110kg	100kg～
グレイ	1inch	2.0m	エクストラヘビー	101kg～		110kg～	

腕、肩関節、肘関節、足関節							
	幅	長さ	硬さ	男性		女性	
				アスリート	一般	アスリート	一般
ライムグリーン	2inch	2.0m	ライト	～60kg	～65kg	～65kg	～70kg
ブルーベリー	2inch	2.0m	ミディアム	66～80kg	66～90kg	66～90kg	71～100kg
プラム	2inch	2.0m	ヘビー	81～100kg	91kg～	91kg～110kg	100kg～
グレイ	2inch	2.0m	エクストラヘビー	101kg～		110kg～	

大腿部、ふくらはぎ、股関節							
	幅	長さ	硬さ	男性		女性	
				アスリート	一般	アスリート	一般
ライムグリーン	2inch	3.5m	ライト	～60kg	～65kg	～65kg	～70kg
ブルーベリー	2inch	3.5m	ミディアム	66～80kg	66～90kg	66～90kg	71～100kg
プラム	2inch	3.5m	ヘビー	81～100kg	91kg～	91kg～110kg	100kg～
グレイ	2inch	3.5m	エクストラヘビー	101kg～		110kg～	

腰と胸							
	幅	長さ	硬さ	男性		女性	
				アスリート	一般	アスリート	一般
ブルーベリー	2inch	3.5m	ミディアム	～60kg	～65kg	～65kg	～70kg
	3inch	2.0m		66～80kg	66～90kg	66～90kg	71～100kg
プラム	2inch	3.5m	ヘビー	81～100kg	91kg～	91kg～110kg	100kg～
グレイ	3inch	2.0m	エクストラヘビー	101kg～		110kg～	

第 1 章

フロッシングに
重要なファシア

この章では、なぜフロッシングに効果があるのか、
人体へのいい影響と悪い影響はどのような構造から生じるのかを解説します。
ファシアの悪い箇所を判定する項目などを症状別に利用し、
効果的なフロッシングを実施しましょう。

PART 1　フロッシングに重要なファシア

ファシアとは何か　　ファシアと動き　　ファシアはなぜ悪くなるのか

1-1　ファシアとは何か
「筋膜」だけでなく、構造全体に働きかける

ファシアは筋膜であって筋膜でない

　Fascia（ファシア：以降、本書ではファシアと表記）という語は、「筋膜」と訳されます。「筋膜」というと、通常は筋肉の表面の白い膜のことだけを指すと理解されていますが、ファシアは、実はそれだけを意味しているのではありません。肝心なのは、フロッシングが、「筋膜」だけでなく、それを含むファシアのすべてに作用し、機能改善の効果が非常に高いテクニックになっていることです。

　ファシアは、コラーゲンと水を主成分とし、網またはクモの巣のような構造をしています。筋肉だけでなく、皮膚、骨、神経、動脈と静脈、心臓、肺、脳、脊髄を含むすべての組織や内臓を被い、組織のすき間を埋めるように張り巡らされています。また、靱帯、腱、関節包などは、ファシアが厚く肥大化したものと説明できます。

　注目すべきは、全身の各部分がほかのすべての部分とファシアによってつながっている点です。人間は、どんなに激しく動こうとも、どんなに長時間座っていようとも、二本足で立つ構造に戻れますが、それは、全身に張り巡らされたファシアが繊維を伸ばしたり圧縮させたりすることで、高い形状記憶性の構造をつくっているからです。これをテンセグリティ構造と呼びます。個々のファシアがテンセグリティ構造をしているだけでなく、ファシアがつくり出す構造全体も同じくテンセグリティ構造となっているのが特徴です。

ファシアを理解するための
３つのポイント

1　ファシアの成分は約60〜85％が水分といわれている

主成分は水とコラーゲン。
本来は流動的で滑走性がある

2　ファシアはクモの巣やセーターに似た構造を持つ

この網状の構造がファシアの特殊な性質を生み出す

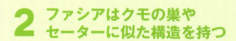

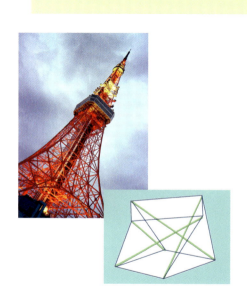

3　東京タワーがテンセグリティ構造のわかりやすい例

高い形状記憶性が東京タワーを安定させている

PART 1		フロッシングに重要なファシア

ファシアとは何か	ファシアと動き	ファシアはなぜ悪くなるのか

1-2 ファシアと動き

ファシアがあるから、強く、しなやかに動ける

可動域低下や筋出力低下は、ファシアの滑走性悪化が原因

　ファシアが良好な状態にあると、テンセグリティ構造が強固に機能するため、可動域が広がり、体の柔軟性が高まります。より強い力やより速い動きの発揮が可能になるだけでなく、しなやかな動き、イメージ通りの動きができるようになります。瞬発的な動きをしても、体がついていくことができてバランスがとりやすくなるため、疲れにくく、ケガもしにくくなります。スポーツにおいても、日常生活においても、円滑で効率がいい状態といえます。

　ファシアは、コラーゲン繊維と水が融合して膜構造体をつくり出しています。その膜構造が、関節を動かしたときに周辺組織と滑走することで、全可動域におけるスムーズな動きを実現しています。この滑走性がなくなると、可動域が制限され、柔軟性が低下してしまいます。

　筋肉は、皮膚に近いほうから、筋外膜、筋周膜、筋内膜、筋鞘と、4つのファシアの膜を持っています。筋肉に力を入れた際には、筋肉の細かい繊維がこの膜を滑り、筋肉が縮んだり膨らんだりします。

　膜の滑走性がないと、筋肉の繊維がうまく滑らず、筋肉を思うように動かすことができません。筋肉の繊維が一部だけしか使えていない状態になってしまいます。すると、100の力を100本の繊維で出す予定だった筋肉が、50本の繊維しか使えない状態で100の力に挑まねばならなくなります。その場合、50本の繊維には2倍の負荷がかかり、すぐに疲弊します。筋肉がいくら大きくても効率よく使えない状態にあり、筋出力が低下してしまいます。

ファシアの構造を理解するための3つのポイント

1 皮膚、筋肉、神経それぞれのファシア

ファシアは全身にまんべんなく存在している。全身を大きく包んでいる皮膚のファシアから細かい神経のファシアまでさまざまだ

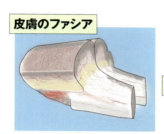

2 周辺組織と滑走するファシア

正常な働きをしているファシアは周辺組織とスムーズに滑走する

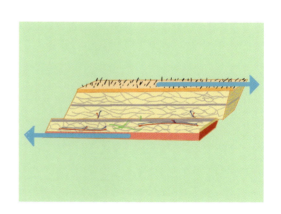

3 滑走性が悪くなると

滑走性がない状態とは、例えると服がなかなか脱げない様子。筋肉や関節の動きとともに、ファシアも組織の上で引っかかってしまう

PART 1　　　フロッシングに重要なファシア

ファシアとは何か　　ファシアと動き　　**ファシアはなぜ悪くなるのか**

1-3　ファシアはなぜ悪くなるのか
脱水状態が癒着を引き起こす

整った組織

癒着した組織

ファシアの癒着を破壊すれば、パフォーマンスが向上する

　ファシアの内部には毛細血管が張り巡らされ、ファシアは、水分、酸素、栄養の供給を毛細血管内の血液から受けることで、代謝を起こしています。ファシアの成分の約60〜85パーセントを占める水分は、毛細血管から血液の血漿成分（間質液、組織間液）が漏れ出して供給されているのです。

　しかし、毛細血管が傷ついたり圧迫されたりすると、水分の供給が止まります。ファシアは、「脱水状態」になってコラーゲン濃度が高まり、繊維化し、粘性が増してしまいます。運動不足や同じ姿勢を長時間とる生活を続けると、そのような状態になります。ランニングで追い込んだときにつりそうになった足、手術で切られた部分、ケガを繰り返している部分なども、ファシアの脱水状態を起こします。また、捻挫や打撲などで内出血すると、血管から血小板が出て血を止めますが、それと同時に、ファシアでできている膜と膜や、ファシアとその周辺の組織に「癒着」をつくってしまいます。脱水状態や癒着がファシアの滑走を妨げ、あらゆる機能障害を引き起こす可能性を生じさせます。つまり、関節可動域の減少、筋力の低下、痛みを発生しやすくさせ、疲労物質の蓄積による倦怠感を引き起こすのです。

　ファシアは、コラーゲンと水などで構成されているので、非常に変化しやすい組織です。ケアをしっかりと施すことで、日常生活やスポーツのパフォーマンスを高められ、ケガの予防や改善を実現することができます。

ファシアの状態による身体の変化

	ファシアがいい状態	ファシアが悪い状態
関節	○痛みや腫れがない ○引っかかりやつっぱりがなく、スムーズに動く ○関節を動かしても、音(コキッ、パキッ)が鳴らない	○痛みや腫れがある ○動かすと、引っかかりやつっぱりがある ○関節を動かすと、音(コキッ、パキッ)が鳴る
筋肉	○痛みがない ○筋肉が疲れにくい ○日常生活やスポーツにおいて、けいれんしない ○指で筋肉を押しても痛くない ○筋肉に力が入る	○痛みがある ○筋肉が疲れやすい ○日常生活やスポーツにおいて、けいれんをよく起こす ○指で筋肉を押すと、痛みやコリがある ○筋肉に力が入らない
神経	○しびれがない	○しびれがある
血管 体温	○冷えがない	○冷えがある
皮膚	○ハリがあり、シワが少なく、みずみずしい	○ハリがなく、シワが多く、乾燥している

ファシアが良好な際の身体の可能性

改善される機能	日常生活やスポーツにおいて体に現れる変化や効果

組織の修復の促進 → 捻挫やケガがより早く治る

関節可動域の改善 → 身体が柔らかくなる
筋肉のつっぱり感が減る
関節を動かしたときの痛みが減る

神経伝達の改善 → バランスが必要な運動が楽にできるようになる

血流の改善 → 体温が上昇する／冷えを感じなくなる
風邪をひかなくなる／痛みが緩和される
皮膚の色が変わる／腫れがひく
肌のハリがよくなる

筋出力の改善 → 身体が軽くなる
ウェイトトレーニング時の最大挙上量が上がる
姿勢が変わる

ファシアの症状チェックシート

こんな症状はファシアが悪い状態にあるから

次のような自覚症状が1つでもあてはまる場合は、ファシアが悪い状態にあるからかもしれないと考えられます。

- ☐ 関節を動かすと、痛みがある
- ☐ 関節が腫れている
- ☐ 関節を動かすと、引っかかりやつっぱりがある
- ☐ 関節を動かすと、音（コキッ、パキッ）が鳴る

- ☐ 筋肉に痛みがある
- ☐ 筋肉が疲れやすい
- ☐ 筋肉がけいれんをよく起こす
- ☐ 筋肉を指で押すと痛い（とれないコリがある）
- ☐ 筋肉に力が入りにくい

- ☐ 片足立ちやつま先立ちができない
- ☐ しびれやだるさのような症状（脳機能障害は除く）がある
- ☐ 冷え性である
- ☐ 皮膚がたるみ、乾燥している
- ☐ ストレッチをしても、身体が柔らかくならない

　こうした状態を改善するのが、フロスバンドを用いたフロッシングのテクニックです。圧迫した状態で他動運動（自分の筋肉以外の力を使い、その部分を動かす運動）を行うことによって癒着したファシアを破壊したり、自動運動（自分の筋肉を使い、その部分を動かす運動）を行うことによってファシアの滑走性を改善したりするなど、良好な状態に戻すための高い効果を発揮します。

20

第**2**章

フロッシング実施の
基本

この章では、フロッシングを始める前に覚えてほしい知識として、
フロッシングによる効果、フロスバンドの巻き方と使い方の原則、
禁忌事項などを解説します。
フロッシング前に自分のファシアの状態をチェックすると、
自分に必要なフロッシングを知ることができます。

| PART 2 | フロッシング実施の基本 |

| フロッシングとは何か | 使用上の注意 | 実施のポイント |

1-1 フロッシングとは何か
ファシアの滑走性を取り戻す

関節と筋肉を圧迫する運動で、ファシアを改善する

ファシアの状態を手軽に改善できるテクニックが、フロスバンドを使ったイージーフロッシングです。関節や筋肉にゴムバンドを巻きつけて可動域改善やトレーニングを行うメソッドがフロッシングで、近年注目を浴びています。イージーフロッシングは、ドイツのスポーツ理学療法士、スヴェン・クルーゼ氏が提唱したもので、効果が非常に高いコンディショニング・メソッドです。なお、コンプレフロスは、イージーフロッシングのためにクルーゼ氏とマレーシアのサンクチュアリーヘルス社が共同で開発した、天然ゴム製のフロスバンドです。これを体に巻きつけて圧迫し、その状態で身体を動かすことで、異常なファシアを正常化させます。

肩さ、幅、長さは用途によって使い分ける

効能については、関節可動域の拡大や筋パフォーマンスの改善が期待できます。ウォームアップに使用すれば、動作時の違和感を軽減し、より滑らかで質が高い動きを可能にします。さらには、日常動作におけるハリやコリなどの違和感に対するケアとしても活用でき、ストレッチと組み合わせての使用や倦怠感の改善にも奨励されるものです。

コンプレフロスは、用途、筋力、体格により、4種類の硬さ、3種類の幅、2種類の長さを組み合わせた14パターンによって提供されています。本書で詳細に説明する方法に沿って行えば、だれでもその効果が得られるものとなっています。

ファシアの状態をチェック　　　浅層のファシアをチェック　　　関節可動域をチェック

イージーフロッシングが
ファシアの改善に効果的な理由

1 圧迫をかけて皮膚を動かすことで、浅部の癒着が剥がされる

フロスバンドを皮膚全体に密着させて包み込むことで、皮膚を動かす際に、皮膚が、摩擦によって大きく動く。いつもよりも大きい動きを与えることにより、皮膚下の浅部の癒着が剥がれる

ファシアの改善

2 圧迫をかけて筋肉や関節を動かすことで、深部の癒着が剥がされる

強く圧迫しているため、表層のファシアが滑走しにくい状態になっている。この状態で筋肉や関節を動かすことにより、深層のファシアの滑走が促され、深部の癒着が剥がれていく

3 血流が改善され、老廃物を流す

圧迫と開放を繰り返すことで、血流が一気に改善される。また、ファシア内に水分を供給することにより、ファシアの滑走性が改善される。滞っていた静脈やリンパの流れがよくなり、栄養豊富な新しい成分に入れ替わる

4 関節内に空間を空ける

圧迫することにより、関節内の空間のズレや偏りを適正化させる。関節が安定した状態に戻り、可動域が広がる。メカノレセプター（体内にあるセンサーのようなもの）からの情報伝達をスムーズにし、代償動作が出にくくなるため、運動学習にとって適した状態になる

5 組織内のこわばりを修復する

捻挫や打撲などで損傷した組織は、修復時に瘢痕組織ができる。そのため、癒着、弾力性の低下、滑走性の低下などによって、パフォーマンスの質を下げるが、その原因となる瘢痕組織の状態を改善する

PART 2　フロッシング実施の基本

フロッシングとは何か　　**使用上の注意**　　実施のポイント

1-2 使用上の注意
フロスバンドの巻き方と使い方の原則

イージーフロッシングにおけるフロスバンドの巻き方の原則は次の通りです。安全のため、原則を必ず守りましょう。

1　末梢から中枢へ（遠位から近位へ）

心臓に遠いところから近いほうに向かって巻いていく

リンパの流れや静脈の特性（心臓に遠いところから心臓に向かって流れる）を生かして巻くことで、効果を得やすくなる

2　アンカーを密着させ、1周巻く

バンドを肌に密着させて外れないようにし、1周巻く

最初のアンカーが肝心であり、アンカーのつくり方が弱いと、途中で解け、巻きにくくなる。肌にしっかりと密着するように巻く

3　50％（1.5倍）伸ばし、50％重ねる

バンドを1.5倍まで伸ばしながら巻く。巻いたときのバンド同士の重なりは、気をつけて50％までにする。始めから終わりまで、巻く強さを一定に保つことを心がける

ファシア内の毛細血管や神経を圧迫するので、しびれや痛みが、一時的に出る

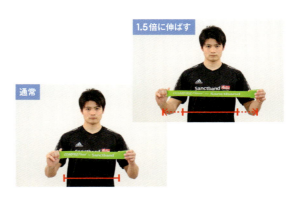

4 しっかりと止める

巻いたバンドと皮膚の間に巻き終わりのバンド端を入れ、しっかりと止める

5 2分以内で行う

巻いた状態で、皮膚、筋肉、神経、血管、関節などの周辺にあるファシアを刺激する。行うのは2分以内。写真で示した順で、各30〜40秒行う

a. 皮膚表面を捻る	40秒
b. 関節を大きく伸ばす	40秒
c. 筋肉に負荷をかけて動かす	40秒

ファシアは、さまざまな組織と癒着している。a、b、cに関しては、いずれも一時的な痛みを伴う可能性があるが、癒着を剥がすために必要な刺激。実行できる範囲で行う

※皮膚へのアプローチは、ペアで実施すると効果が高まる

a. 捻る

b. 伸ばす

c. 動かす

PART 2　　フロッシング実施の基本

フロッシングとは何か　**使用上の注意**　実施のポイント

6　外す

バンドを外す。血流が一気に戻って圧迫から解放され、しびれや痛みが消えていく

○一過性の赤い線（内出血）が肌に浮き出る場合がある（ファシア内の毛細血管が弾力を失い、フロッシングの負荷によって微細に傷ついた状態にある）
○2〜5日で消える
○毛細血管に弾力が戻ると、赤い線は出なくなる

7　5のbとcを繰り返す　（各30秒〜）

バンドを外したあと、巻いているときに行った関節運動と負荷運動を行う

イージーフロッシングを行ったあとは、血流とともに、ファシアのあらゆる場所に、水分が行き渡る。この状態で関節や筋肉を動かすことで、滑走性がより引き出され、効果をさらに高められる

8　1〜7までを2〜3セット繰り返す

1セットだけでは、癒着や、高密度化したファシアを改善しきれない可能性が多々ある。症状の重さに応じ、3セットまでを目安に繰り返す

よりさまざまな組織が柔軟になった状態で圧をかけることができるので、1回目よりも2回目のフロッシングのほうが効果がある。ファシアの異常が深層にあったり、癒着が強固だったりした場合には、2回目の刺激のほうが原因の箇所に到達する可能性が高くなるからだ

ファシアの状態をチェック　　　浅層のファシアをチェック　　　関節可動域をチェック

始める前に

安全に行うための留意点を理解する

次の注意をよく読み、理解した上で行いましょう。

❶フロスバンドを巻くと、人体（心臓、血管、筋肉、皮膚）に対し、強い負荷を一時的に与えることになります。

❷絶対的禁忌と相対的禁忌を必ず確認してから、自己責任において使用してください。
絶対的禁忌・・・フロスバンドの使用禁止
相対的禁忌・・・ドクターの同意を得てから使用

❸必ず、使用目的に沿った使い方をしてください。誤った使用をすると、ケガや病気を引き起こすリスクが伴います。

❹スポーツにおいては、ウォーミングアップを軽く行ってからのほうが、効果が出やすくなります。もし痛みがなければ、10分程度の軽い運動のあとに行ってください。

❺毛細血管の弾力が弱いと、フロッシングのあとに赤い線（内出血）が肌に残る場合があります。一過性のものですが、気になる場合は使用を中止してください。

❻不安を感じたら、まずはドクターに相談してください。

使ってはいけないケースと、医師との相談が必要なケース

絶対的禁忌
○皮膚炎、皮膚感染症
○静脈瘤、静脈炎
○血栓症
○腫瘍
○糖尿病（重度の症状を持つ場合）
○骨折
○開放創
○悪性新生物

○心不全ステージ（CおよびD）
○ラテックスアレルギー
○抗凝固薬または高用量の副腎皮質ステロイド薬を服用している人

相対的禁忌
○発熱
○妊娠
○高血圧
○低血圧
○長く続いている炎症（慢性炎症症状）
○精神的ストレス
○甲状腺機能障害

| PART 2 | フロッシング実施の基本 |

| フロッシングとは何か | 使用上の注意 | **実施のポイント** |

1-3 フロッシング実施のポイント

高い効果を引き出すための5つのポイント

イージーフロッシングの実技を紹介する前に、考慮するべきポイントを5つ挙げます。イージーフロッシングのテクニックを使って施術してきた経験と、セミナーなどでこのテクニックを紹介し、実際に実践してもらった経験の中で、特に伝えておきたいと感じた点です。十分に考慮した上で、実施にあたってください。

1 巻き方を徹底して習得する

巻き方が弱かったり、最後の固定がうまくできなかったりすると、効果が出にくくなる。コンプレフロスは、しっかりと巻くだけで効果が出るので、まずは、巻く技術を高める。講習会や上級者の指導を受けることも、技術を習得するのに有効になる

2 皮膚へのアプローチは省略できる

関節と筋肉へのアプローチを行うことで、皮膚へのアプローチも少しずつできているので省略できる。もちろん、皮膚にもアプローチしたほうが改善されやすい傾向にはなる

3

関節と筋肉へのアプローチは、1回のアプローチにつき、1、2種類とする

関節と筋肉へのアプローチは、1回のフロッシングにつき、それぞれ1、2種類を実施する。初級から実施し、一つひとつの動きをポイント通りに行うことが大切。動きの質がいいほど、効果が高まる。圧に慣れてきたら、中級にチャレンジする

4

巻く方向よりも、しっかりと圧迫することが重要

癒着を剥がすなど、ファシアの状態をよくする（ファシアリリース）目的で使用する場合、フロスバンドを巻く方向は、内巻きと外巻きのどちらでもいい。ファシアリリースのために巻く目的は組織圧迫固定なので、巻く方向よりも、圧迫刺激をしっかりとつくれているかどうかが重要。弱い圧だと組織圧迫固定力が減弱してしまうので、バンドの摩擦を利用し、しっかりと密着するように巻く

5

慣れたら、圧を高める。最初から高めすぎないようにする

初級、中級と実施し、慣れてきたら、コンプレフロスを1段階硬いタイプに変えたり、バンドを強く巻いたりした上で初級から再度実施する。圧を変えると、より深部のファシアにアプローチすることが可能になる。圧迫する組織数が増えるので、水分供給量が上昇し、改善がより期待できる。最初から負荷を高くしすぎると、細胞組織が破壊されて逆効果になるので、慣れるまでは、上級者の指導を受けたり、巻いてもらったりするなど、十分に注意して実施する

| PART 2 | フロッシング実施の基本 |

フロッシングとは何か　　使用上の注意　　実施のポイント

1-4 ファシアの状態をチェックする
ファシアの異常のサイン

ファシアの異常が疑われる状態とは？

　ファシアは、身体の内部にあるため、直接見ることはできません。では、異常な状態になっている箇所をどのようにして探るのでしょうか？　例えば、下記のような状況はありませんか？　その場合の皮膚、筋肉、関節、神経、靱帯などは、ファシアが異常になっている可能性が高いといえます。

- じっとしていると痛くないが、ふとしたときや動いたときに痛みが出る
- 皮膚をつまみ上げると、強い痛みが走る
- ストレッチをしてもあまり変わらない
- トレーニングをしても、力の向上がいっこうに見られない
- 過去にケガ（打撲、捻挫、裂傷、骨折など）をしたことがある
- 手術をしたことがある
- 1日2～3時間以上、同じ姿勢で過ごしているため、特定の場所に疲れがたまりやすい

| ファシアの状態をチェック | 浅層のファシアをチェック | 関節可動域をチェック |

ファシアの状態のサインが皮膚に出ている

　ファシアがどのような状態にあるかは、皮膚を見ることである程度わかります。

　皮膚の表面は、関節や筋肉のダイナミックな動きを包み込みながら、同時に「人間としての形状」を保てるように、ファシアが緻密な構造を形成しています。

　また、皮膚から筋肉までの間には、浅層のファシアと深層のファシアが存在し、水分量がほかの組織よりも比較的多く保たれています。そのため、水分量が異常な状態に陥ると、表面の皮膚にその兆候が現れやすくなります。下の写真のような状態にあてはまる場合、皮膚ファシアの滑走不全、ファシアの水分量低下、コラーゲンの高密度化が起こっている可能性があります。

乾燥した肌

むくんだ肌（左足）

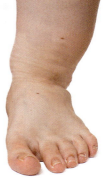

シワがある肌

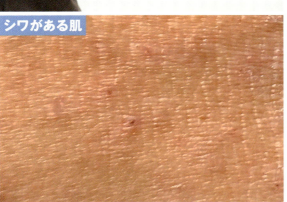

乾燥した肌は水分が低下している状態、むくんだ肌は局所のファシアに水分が多くなりすぎている状態、シワがある肌はコラーゲンが極端に減少している状態にある

PART 2　　フロッシング実施の基本

フロッシングとは何か　　使用上の注意　　実施のポイント

1-5 浅層のファシアをチェックする
皮膚をつまんでチェック

皮膚直下のファシアの状態をつまんで調べる

　人差し指と親指で、皮膚をつまんでみます。皮膚ファシアの可動性（滑走性）が良好な状態ならば、皮膚がよく動き、動かしても、痛みやつっぱり感をさほど感じません。しかし、可動性が悪い状態の場合には、皮膚は動きづらく、動かすと、痛みやつっぱり感を感じます。

　特に皮下脂肪が多い人の皮膚ファシアは、とても硬くなっている可能性があります。皮下脂肪には多くの毛細リンパ管や毛細血管が通っていますが、皮下脂肪が厚くなると、この毛細リンパ管と毛細血管を圧迫し、循環が悪くなります。老廃物の排出能力が低下し、かつ新鮮な水分や栄養分がファシアに行き渡りづらくなるためです。ファシア内の水分がドロドロとして動きにくくなり、皮膚が硬くなります。

可動性が悪い皮膚の状態
つまんでも皮膚は盛り上がらない

可動性がいい皮膚の状態
つまむと皮膚が動いて盛り上がる

1-6 関節可動域をチェックする
動きに現れるファシアの異常

柔軟性が低い部分はファシアの異常が起きている

関節の可動域制限（柔軟性の低下）の一因として、皮膚、皮下組織、骨格筋、腱、靭帯、関節包といった、関節周囲に存在する組織が変形しているケースが指摘されます。その組織の一つひとつにファシアが存在するので、可動域制限も、イージーフロッシングで改善できます。ストレッチなどを繰り返しても改善されない場合は、ファシア異常が原因であることが非常に多いといえます。

可動域制限自体が、痛みやバランス能力を低下させる原因になります。左右差がある場合も含め、パフォーマンスを高めるには、できる限り早く回復させることが重要です。各部位においてチェックする項目については、第3章から紹介する、それぞれの項目の最初のページでセルフチェックとして説明していきます。このセルフチェックで異常がある場合、その部位のフロッシングが必要となります。

腰と骨盤のセルフチェック異常なし

腰と骨盤のセルフチェック異常あり

データが実証

金沢大学医学部教授（当時）の灰田信英氏らは、「ラットの膝関節を屈曲位でギプス固定した後に膝関節を他動的に伸展させるために必要な力」について分析した。固定期間終了後に、「関節周囲の皮膚を切除した後」と「膝関節伸展筋および屈曲筋を切除した後」を比較することにより、「皮膚、骨格筋、関節包が関節拘縮に関与する割合」を調査。

その結果、皮膚が約19％、骨格筋が約43％、関節包が約30％の割合で関節拘縮に関与していることを明らかにした。つまり、皮膚、骨格筋、関節包は、関節拘縮の原因組織として関節可動域に関与していることになると実証した

引用文献：奈良勲（編）『拘縮の予防と治療』拘縮の病理と病態、医学書院、東京、2003、P18〜36

WHY?

なぜ、コンプレフロスなのか？

コンプレフロスをおすすめする理由

　　ラテックスの世界的産出国であるマレーシアにおいて、トレーニング用ゴムバンドおよびチューブのトップブランドとして名高いのが「Sanctband®」です。独自のSanctech技術で製造された同ブランドの製品は、ラテックスたんぱく質の残留を95%カットすることに成功し、ラテックスアレルギーになりにくいバンドとして世界中の医療従事者やフィットネストレーナーから選ばれています。

　　トレーニング用ラテックスバンドの特徴は、終動負荷であることです。つまり、長く引けば引くほど、負荷が強くなっていきます。「Sanctband®」は、引き伸ばされる限界まで負荷が均等に上昇するように、品質管理されています。EU規格に基づく製品の検査機関であるTUVによる1万回の耐久試験を経て、GS Product Safety Markの認定を受けているほか、米国FDA（食品医薬品局）の認可も取得し、信頼がおける製品です。

　　本書で利用しているコンプレフロスは、ドイツのスポーツ理学療法士であるスヴェン・クルーゼ氏と「Sanctband®」との共同研究によって、彼が提唱するイージーフロッシングのコンセプトを基に開発されたフロスバンドです。

コンプレフロスは水洗いが可能

　　コンプレフロスは、水洗いが可能です。洗剤などを使わずに水で洗い、直射日光をあてないように干して自然乾燥させてください。Sanctech技術によって製造されているため、長期間使用しても、パウダーを塗布する必要はありません。

　　また、天然ゴム（ラテックス）から製造されているため、焼却しても、有毒ガスを排出しません。地中に埋めれば、分解されます。コンプレフロスは、環境にやさしい製品です。

第3章

イージーフロッシング
上肢

この章では、「肩」、「ヒジ」、「手首」、「手指」に関する
フロッシングの実践メニューと、
フロッシングを行う前の各部位のセルフチェックを解説します。
フロッシングの基本である「チェックする」→「巻く」→「捻る」→
「伸ばす」→「動かす」→「外して伸ばす、動かす」を守り、
効果的なフロッシングを実施しましょう。

PART 3 イージーフロッシング 上肢

| 肩 | ヒジ | 手首 | 手指 |

セルフチェック／肩、首が痛い人に
肩のフロッシング

CHECK 肩の可動域をセルフチェック1
1つでもできなければ、フロッシングを行う

☑ 挙上／腕を前から上げる

［前方からチェック］
- 上腕部と耳の距離が左右均等である
- 手指の高さが左右均等である

［側方からチェック］
- 上腕部が耳よりも後方にある

☑ 手の甲を体側につけ、ヒジを前に出す

- ヒジを前に出せる

☑ 身体の前で、両ヒジを合わせたまま上げていく

- ヒジが鼻の高さまで上がる
- 肩甲骨がしっかりと回旋する
- 胸椎を丸めずに上げられる

| 巻く | 捻る | 伸ばす | 動かす |

CHECK 肩の可動域をセルフチェック2

☑ 手のひらを背中で合わせる

- ○ 手のひらが しっかりとくっつく
- ○ 肩甲骨が しっかりと回旋する
- ○ 胸椎を丸めずに合わせられる

女性の場合のやり方

男性の場合のやり方

☑ 背中のうしろで、上と下から手をつなぐ

- ○ 指先どうしが触れる

こんな人は積極的に肩のフロッシングを行おう

該当する痛み、違和感、病態	推奨される動作とスポーツ
○肩に痛み ○肩と肩甲骨に硬さ ○首に痛み ○五十肩 ○野球肩	○腕をよく使うスポーツ 野球、ソフトボール、陸上（特に投擲競技）、バレーボール、バスケットボール、剣道、ホッケー、ハンドボール、バドミントン、テニス、卓球、ボート、水泳、ゴルフ、空手、体操、ラグビー、アメリカンフットボール、ラクロス、ボウリング、アルティメット、パワーリフティング、アーチェリー、ボクシング、相撲、レスリングなど

※注意：安静（じっとしている状態）時にも痛みがある場合は実施せず、まずは整形外科で診てもらう

PART 3　イージーフロッシング 上肢

肩　　ヒジ　　手首　　手指

1-1
肩に巻く方法

推奨コンプレフロスの幅と長さ
2inch×2m

アンカーの位置

1 バンドを肌に密着させ、外れないようにして1周巻く

2 途中でヒジを曲げてもかまわない

3 巻く強さを最後まで一定に保つ

巻き終わり

4 先端をバンドの中に入れ、しっかりと止める

壁を利用した固定の仕方

上腕と壁を使い、しっかりと固定する。固定しているうちに手を持ち替えて巻き続ける

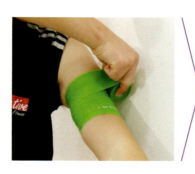
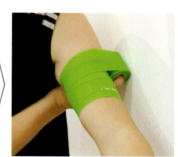

| 巻く | 捻る | 伸ばす | 動かす |

1-2 皮膚へのアプローチ
肩の皮膚を捻る

1 心臓から遠い位置

2 中間

内捻りと外捻りを3カ所で4、5回ずつ行う

バンドの摩擦を利用し、全体をしっかりと捻る

3 心臓に近い位置

ペアで

ペアになり、両手で捻る

皮膚をしっかりと柔らかくしたい場合は、誰かとペアになって実施する。バンドを巻いた腕を肩の上に乗せ、顔を正面に向ける。両手で腕を挟み、しっかりと捻る

※上腕の皮膚ファシアが硬い場合、内出血ができることがある。ファシアの状態が改善されると、毛細血管に弾力が出るので、内出血が起こりにくくなっていく

39

| PART 3 | イージーフロッシング 上肢 |

| 肩 | ヒジ | 手首 | 手指 |

1-3 関節へのアプローチ
肩を伸ばす

初級1　大きく肩回旋

1 腕を身体の真横におく

2 目線を少し上に向けて胸を張り、上腕を前からうしろへ大きく回す

POINT 回数 **5回** 上腕を背中のうしろに通すように回す

初級2　水平伸展、屈曲

1 指先とヒジを伸ばし、胸の前に上げる

2 腕を伸ばしたまま、水平に開く

3 いっぱいに開いたら、胸の前に閉じ、逆の手で押さえる

POINT 回数 **5回** 胸を張った状態でキープして行う

40　※初級と中級の中から、1種類を選択して行う

1-3 中級

| 中級 | **斜めに伸展外旋、屈曲内旋** |

1 指先とヒジを まっすぐに伸ばす

2 手のひらを内に向け、背後を親指で指すようにして捻りながら、斜め外に上げる

3 腕を逆に捻りながら、胸を横切るようにして斜めに下ろす

4 2〜3をくり返す

POINT 回数 **5回** 胸を張り、ヒジを伸ばしたまま、みぞおちを支点にし、腕を捻る

| PART 3 | イージーフロッシング 上肢 |

| 肩 | ヒジ | 手首 | 手指 |

1-4 筋肉へのアプローチ
肩を動かす

初級 1 サイドレイズ

1 ヒジを直角に曲げ、手を前に出す

2 大きな弧をヒジの先で描くようにし、肩の高さまで横に上げる

これ以上は×

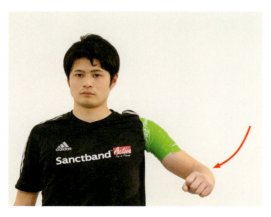

3 下ろす

| POINT | 回数 **5**回 | 胸を張り、肩が耳に近づかないようにする |

※初級と中級の中から、1種類を選択して行う。完了したらコンプレフロスをほどき、「伸ばす」および「動かす」と同じ動きを同じ回数行う

| 巻く | 捻る | 伸ばす | **動かす** |

初級 2　ラットプルダウン

1 肩幅より少し広めに両手を開き、伸ばして上げる

2 胸を張ったまま、ヒジを真下に下げる

3 肩が上がらないようにしながら、手を上げていく

POINT

前腕を床と垂直にし、そのまま、手が耳よりもうしろを通るように下げる。
手の幅を変えない

回数 **5** 回

PART 3　イージーフロッシング 上肢

肩　　ヒジ　　手首　　手指

中級 1　腕立て伏せ

1 肩幅の広さに手を開き、肩の真下につく

2 ヒジを曲げて伸ばす

正面から

POINT 回数 **5回** 足首〜ヒザ〜股関節〜脊柱を一直線に保ったまま行う

中級 2　壁から腕を離す

1 胸を壁につけて立つ。腕を肩の真上に上げ、手の小指側を壁に置く

2 胸を壁につけたまま、伸ばした腕を壁から離す

POINT 回数 **5回** ヒジを伸ばしたまま、壁から胸を離さずに腕を動かす

| 巻く | 捻る | 伸ばす | 動かす |

1-5　巻き方のバリエーション
肩甲骨に効かせる巻き方

推奨コンプレフロスの幅と長さ
2inch×3.5m

POINT
肩甲骨周囲のファシアにダイレクトにアプローチする方法で巻く
皮膚へのアプローチは、パートナーに実施してもらう
捻る、伸ばす、動かす運動を行う際は、通常と同じ方法で実施する
猫背に効果がある

アンカーの位置

1 必ず、ペアで行う。
まずは、左肩のアンカーの位置を決める

2 通常に巻くときと同じ力で巻く

3 肩の上から右わきの下を通し、右肩を巻く

4 背中で×をつくるようにクロスさせる

巻き終わり

5 先端をバンドの中に入れ、しっかりと止める

正面から

※頸椎ヘルニアや胸郭出口症候群など、しびれや放散痛がある場合は、専門家の指導の下に実施する

PART 3　　イージーフロッシング 上肢

肩　　**ヒジ**　　手首　　手指

セルフチェック／テニスヒジ、野球ヒジに
ヒジのフロッシング

CHECK ヒジの可動域をセルフチェック
1つでもできなければ、フロッシングを行う

☑ 指先を肩にあて、
　 ヒジを前に出す

○ **指先が肩についている**

☑ テニスヒジのストレステスト
　 ヒジの筋肉の損傷状態を見る

✗ **イスなどを持ち上げる際に痛みがある**

こんな人は積極的にヒジのフロッシングを行おう

該当する痛み、違和感、病態	推奨される動作とスポーツ
○ヒジに痛み ○ヒジ周囲、前腕にひんぱんな疲れ ○テニスヒジ ○野球ヒジ	○腕をよく使うスポーツ 野球、ソフトボール、陸上（特に投擲競技）、バレーボール、バスケットボール、剣道、ホッケー、ハンドボール、バドミントン、テニス、卓球、ボート、水泳、ゴルフ、空手、体操、ラグビー、アメリカンフットボール、ラクロス、ボウリング、アルティメット、パワーリフティング、アーチェリー、ボクシング、相撲、レスリングなど

※注意：安静（じっとしている状態）時にも痛みがある場合は実施せず、まずは整形外科で診てもらう

| 巻く | 捻る | 伸ばす | 動かす |

2-1
ヒジに巻く方法

2-1

アンカーの位置

1 ヒジの下10センチのところでバンドを肌に密着させ、外れないようにして1周巻く

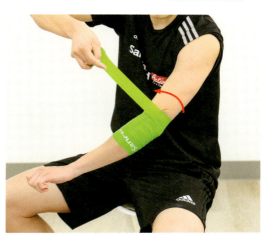

2 途中でヒジを曲げてもかまわない。巻く強さを最後まで一定に保つ

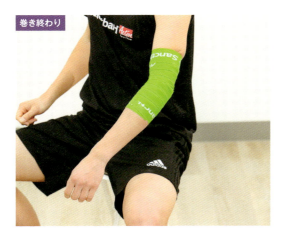

巻き終わり

3 ヒジの上10センチのところで巻き終える。先端をバンドの中に入れ、しっかりと止める

推奨コンプレフロスの幅と長さ
2inch×2m

TOPICS

痛みを感じたら外す

　ゴムバンドを巻いたあと、動かす前に痛みを感じるようなら、すぐに外してください。巻いただけで痛みを感じたとすれば、脆弱化している組織をゴムの圧力で強く傷つけている可能性があります。外して関節を動かし、痛みが残存しないかを確認します。

　目安は2分間の使用ですが、はじめは10〜20秒で様子を見ます。そこから、使用時間を徐々に延長していくと安心です。

47

PART 3　イージーフロッシング 上肢

肩　**ヒジ**　手首　手指

2-2　皮膚へのアプローチ
ヒジの皮膚を捻る

1　心臓から遠い位置

2　中間

3　心臓に近い位置

内捻りと外捻りを3カ所で4、5回ずつ行う。

バンドの摩擦を利用し、全体をしっかりと捻る

ペアになり、両手で捻る

皮膚をしっかりと柔らかくしたい場合は、誰かとペアになって実施する。バンドを巻いた腕を肩の上に乗せ、顔を正面に向ける。両手で腕を挟み、しっかりと捻る

※上腕の皮膚ファシアが硬い場合、内出血ができることがある。ファシアの状態が改善されると、毛細血管に弾力が出るので内出血が起こりにくくなっていく

| 巻く | 捻る | 伸ばす | 動かす |

2-3 関節へのアプローチ
ヒジを伸ばす

初級 1　ヒジの屈伸

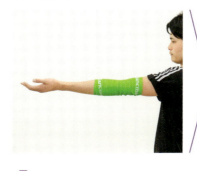  

1 腕の力を抜き、ヒジを肩の高さまで前に上げる

2 腕の力を抜き、ヒジを限界まで曲げる

3 再び伸ばす

POINT 回数 **5回** 皮膚のつっぱりが出るが、関節が曲がる限界まで、しっかりと曲げる

初級 2　前腕の回内外

1 上腕を一方の手で固定し、手のひらを縦にして腕を伸ばす

2 上腕を固定したまま、前腕を左右に捻る

POINT 往復 **5回** 手を表裏に動かすが、手首の力を抜いて捻る

※初級と中級の中から、1種類を選択して行う

PART 3　イージーフロッシング 上肢

肩　**ヒジ**　手首　手指

中級　前腕回外＆肘屈曲、前腕回内＆肘伸展

1 ヒジを肩の高さまで前に上げ、腕を伸ばす。手のひらを内側に向ける

2 親指を外に向け、捻りながらヒジを曲げる

3 親指を下に向け、捻りながらヒジを伸ばす

POINT　回数 **5**回　関節が曲がる限界まで、しっかりと曲げる

| 巻く | 捻る | **伸ばす** | 動かす |

2-4 筋肉へのアプローチ
ヒジを動かす

初級1　スーパーループバンドを使ったアームカール

1 スーパーループバンドを足で固定し、ヒジを体側につける。手のひらを上に向け、逆端を持つ。肩をすくめずに、首を長くして立つ

2 ヒジを曲げ、手を上げていく

3 手を下ろす。腕は伸ばし切らなくてもいい

POINT　回数 **5回**　肩を下げた状態を保ちながら、ヒジを曲げる

初級2　ダンベルを使ったトライセプス

1 ダンベルを持つ。一方の足を前に出し、上体を前傾した状態で、ヒジを体側につける。手のひらを体側に向ける

2 上腕が脇から離れないようにしながら、限界まで伸ばす

3 ヒジを曲げて戻す

POINT　回数 **5回**　肩をすくめずに首を長くし、肩を下げた状態を保つ

※初級と中級の中から、1種類を選択して行う。完了したらコンプレフロスをほどき、「伸ばす」および「動かす」と同じ動きを同じ回数行う

PART 3　イージーフロッシング 上肢

| 肩 | **ヒジ** | 手首 | 手指 |

 2-4 中級1
 2-4 中級2

中級1　腕立て伏せ

 正面から

1 肩幅の広さに手を開き、肩の真下につく

2 ヒジを曲げて伸ばす

POINT　回数 **5回**　足首〜ヒザ〜股関節〜脊柱を一直線に保ったまま行う

中級2　イスを使ったトライセプス

1 背中のうしろで、肩幅の広さに手を開く。指先を正面に向け、イスなどの台に手をおく

2 上腕が床と平行になるまで、ヒジを曲げる

3 ヒジを伸ばす

POINT　回数 **5回**　ヒジをうしろに突き出さない（手からヒジまで、まっすぐに立てておく）
胸をしっかりと張る

| 巻く | 捻る | 伸ばす | 動かす |

2-5 巻き方のバリエーション
ヒジに痛みがある場合の巻き方

推奨コンプレフロスの幅と長さ
1inch×2m

POINT
- 1inchを使用すると、より深く細かいファシアにアプローチできる
- 痛い場所に対しては、ほかの場所よりも少し強めに伸ばして巻く
- 捻る、伸ばす、動かす運動を行う際は通常と同じ方法で実施する
- 圧が強くなるので、2分の使用時間を必ず守る

アンカーの位置

1 バンドを
ヒジの下で肌に密着させ、
外れないようにして
1周巻く

2 途中でヒジを曲げても
かまわない

巻き終わり

3 先端を
ヒジの上で
バンドの中に入れ、
しっかりと止める

※頚椎ヘルニアや胸郭出口症候群など、しびれや放散痛がある場合は、専門家の指導の下に実施する

PART 3　イージーフロッシング 上肢

肩　　ヒジ　　**手首**　　手指

セルフチェック／握力が弱い人にも
手首のフロッシング

CHECK 手首の可動域をセルフチェック
1つでもできなければフロッシングを行う

☑ 手のひらを胸の前で合わせたまま、手首を下げていく

○ 手首の角度を90度以上に曲げられる

こんな人は積極的に手首のフロッシングを行おう

該当する痛み、違和感、病態	推奨される動作とスポーツ
○手首に痛み ○手首に硬さ ○弱い握力 ○手根管症候群 ○TFCC損傷	○手首をよく使うスポーツ 野球、ソフトボール、陸上（特に投擲競技）、バレーボール、バスケットボール、剣道、ホッケー、ハンドボール、バドミントン、テニス、卓球、ボート、水泳、ゴルフ、空手、体操、ラグビー、アメリカンフットボール、ラクロス、ボウリング、アルティメット、パワーリフティング、アーチェリー、ボクシング、相撲、レスリングなど

※注意：安静（じっとしている状態）時にも痛みがある場合は実施せず、まずは整形外科で診てもらう

| 巻く | 捻る | 伸ばす | 動かす |

3-1
手首に巻く方法

推奨コンプレフロスの幅と長さ
1inch×2m

アンカーの位置

1 手のひらの指の付け根の位置で、バンドを親指で挟む

2 挟んだままバンドを1周巻く

3 1周巻いたら、親指の外側を通して巻く

4 巻く強さを最後まで一定に保つ

巻き終わり

5 先端をバンドの中に入れ、しっかりと止める

手のひら側から

55

PART 3　イージーフロッシング 上肢

肩　　ヒジ　　**手首**　　手指

3-2　皮膚へのアプローチ
手首の皮膚を捻る

1 手首の外側

2 手首の内側

内捻りと外捻りを3カ所で4、5回ずつ行う

バンドの摩擦を利用し、全体をしっかりと捻る

TOPICS

慣れないうちは短めの時間で

　いつもは運動をしていなかったり、組織が特に弱っていたりすると、圧迫に対して過敏になり、目安の2分を続けることに苦痛が伴う場合があります。難しいと感じる場合は、慣れの段階に応じて、以下のように短い時間で行ってください。

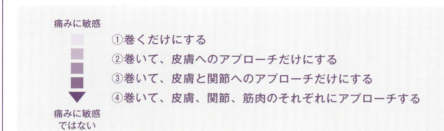

痛みに敏感
①巻くだけにする
②巻いて、皮膚へのアプローチだけにする
③巻いて、皮膚と関節へのアプローチだけにする
④巻いて、皮膚、関節、筋肉のそれぞれにアプローチする
痛みに敏感ではない

　人間の体には、「順応」という素晴らしい能力が備わっています。短い時間でも刺激が加われば、それに慣れようと、組織や神経反応を変化させていきます。初期においてはアプローチ時間を短めにとどめても、次第に慣れ、時間を延ばしていくことができます。

| 巻く | 捻る | 伸ばす | 動かす |

3-3 関節へのアプローチ
手首を伸ばす

初級 1 　回旋

1 前腕を一方の手で支える

2 大きな円をぐるっと描くように、手首を1周回す

| POINT | 回数 **5回** | じっくりと大きく動かす |

初級 2 　底背屈ストレッチ

1 腕を肩の高さで前に伸ばし、もう一方の手を添える

2 手首を甲側に折る

3 折り返して、手のひら側に折る

| POINT | 往復 **5回** | 巻いた場所がつっぱり感をしっかりと感じるくらいに動かす |

※初級と中級の中から、1種類を選択して行う

PART 3　イージーフロッシング 上肢

肩　　ヒジ　　**手首**　　手指

中級　床を使った底背屈ストレッチ

1 手首が肩の真下になるように、肩幅の広さに手を開き、指先を自分に向け、手のひらを床につける

2 おしりを引き、手首を伸ばす

3 指先を自分に向け、甲を床につける

4 おしりを引き、手首を伸ばす

POINT　回数 **5**回　指先を伸ばして行う

| 巻く | 捻る | 伸ばす | 動かす |

3-4 筋肉へのアプローチ
手首を動かす

初級 1　ミニループバンドを使ったリストカール

1 前腕を立てた片ヒザの上におき、足に引っかけたミニループバンドの逆端を手のひらを上にして持つ

2 手首をしっかりと曲げる

3 限界まで曲げたら戻す

POINT 回数 **5回**　手首だけを使う。ヒジは使わない

初級 2　リバースリストカール

1 リストカールと同じ体勢になり、バンドの端を手のひらを下にして持つ

2 手首をしっかりと反らす

3 限界まで反らしたら戻す

POINT 回数 **5回**　手首だけを使う。ヒジは使わない

※初級と中級の中から、1種類を選択して行う。完了したらコンプレフロスをほどき、「伸ばす」および「動かす」と同じ動きを同じ回数行う

PART 3　イージーフロッシング 上肢

肩　　ヒジ　　**手首**　　手指

中級　腕立て伏せ

1 手を肩幅の広さに開き、肩の真下につく

2 ヒジを曲げて伸ばす

正面から

POINT　回数 **5回**　足首〜ヒザ〜股関節〜脊柱を一直線に保ったまま行う

TOPICS

フロッシングは筋力アップにも効果あり

　圧迫刺激による筋活動量の増加例が、いくつか報告されています。「特に筋肉量が多い太ももの付け根や上腕の付け根などの関節の末端部分に対し、血流を制限して筋肉に負荷をかけると、筋力と筋肥大が見込める」という国内の論文報告が、いくつか存在します。血流を制限すると、血中乳酸濃度の増加が見られるため、それが原因ではないかとも考えられます。
　乳酸は疲労物質ではなく、細胞代謝に使用できるエネルギーになっていることが、近年解明されてきました。筆者は、コンプレフロスを巻くことで皮下組織が固定され、皮下組織と筋外膜の滑走性になんらかの好影響が与えられるために、筋力が即時的に上がるのではないかと考えています。

| 巻く | 捻る | 伸ばす | 動かす |

3-5 巻き方のバリエーション
手首から前腕全体に巻く

推奨コンプレフロスの幅と長さ
2inch×3.5m

POINT
手首に痛みがある場合だけではなく、前腕にハリを感じる際にも効果がある
捻る、伸ばす、動かす運動を行う際は、通常と同じ方法で実施する

アンカーの位置

1 バンドを親指で挟み、外れないようにして1周巻く

2 手首から前腕に巻く

巻き終わり

3 ヒジにかかる前に、しっかりと止める

PART 3 イージーフロッシング 上肢

肩　　ヒジ　　手首　　**手指**

セルフチェック／腱鞘炎の人、手指が硬い人に
手指のフロッシング

CHECK 手指の可動域をセルフチェック
1つでもできなければ、フロッシングを行う

☑ 手の指を甲側に引っ張る

○ 手指が手の甲よりも、うしろに反れる

○

×

こんな人は積極的に手指のフロッシングを行おう

該当する痛み、違和感、病態	推奨される動作とスポーツ
○手指に痛み ○手指に硬さ ○指先に冷え ○ヘバーデン結節 ○腱鞘炎 ○突き指	○手指をよく使うスポーツ ○手を使う球技 野球、ソフトボール、バレーボール、バスケットボール、剣道、ホッケー、ハンドボール、バドミントン、テニス、卓球、ゴルフ、空手、体操、ラグビー、アメリカンフットボール、ラクロス、ボウリング、アルティメット、アーチェリー、ボクシング、相撲、レスリングなど

※注意：安静（じっとしている状態）時にも痛みがある場合は実施せず、まずは整形外科で診てもらう

| 巻く | 捻る | 伸ばす | 動かす |

4-1 手指に巻く方法
1 親指の巻き方

推奨コンプレフロスの幅と長さ
1inch×2m

1 バンドを親指の第一関節で挟んで固定し、1周巻く

2 親指の背を通し、手のひらの上で斜めに渡して手首に巻く。8の字を描いて戻す

3 指の付け根を巻く際は、100%重なってもかまわない

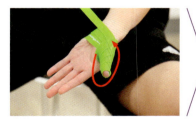

4 手首に干渉しすぎない位置まで巻く

5 先端をバンドの中に入れ、しっかりと止める

8の字を描くように巻く

2 その他の指の巻き方 （例：人差し指）

1 バンドを指の第一関節で1周巻く

2 そのまま、指の付け根まで巻き、手のひらも巻いていく

3 先端をバンドの中に入れ、しっかりと止める

PART 3　イージーフロッシング 上肢

肩　　ヒジ　　手首　　**手指**

4-2　皮膚へのアプローチ
手指の皮膚を捻る

1　指の先端

2　指の根元

手のひらで指を包み、
内捻りと外捻りを2カ所で4、5回ずつ行う

ゴムの摩擦を利用し、全体をしっかりと捻る

TOPICS

ゴムバンドの芯（コア）は捨てないで

　フロッシングに用いるフロスバンドは、通常のテーピングに使うテープなどとは異なり、何度も使用できるものです。特にコンプレフロスは耐久性が高く、繰り返しの使用においても劣化を感じさせません。
　フロッシングを行ったあとに外したゴムバンドを再度使うには、巻き直す必要があります。その際、芯（コア）を再活用すると、巻きやすくなります。ですから、芯（コア）を捨てないでください。巻き上げたあとに紛失しがちなので、気をつけましょう。

| 巻く | 捻る | 伸ばす | 動かす |

4-3 関節へのアプローチ
手指を伸ばす

初級 1　前後にストレッチ

1 手の力を抜き、指全体が開くようにしっかりと伸ばし、もう一方の手を指に添える

2 限界まで曲げる

3 限界まで反らす

POINT 往復 **5〜10回**　関節が曲がる限界まで、しっかりと曲げる。反対の手で助けながら行う

初級 2　手指開閉

1 手の力を抜き、指全体が開くようにしっかりと伸ばす

2 限界まで、ゆっくりと曲げる

POINT 回数 **5〜10回**　関節が曲がる限界まで、しっかりと曲げる

※初級の中から、1種類を選択して行う

| PART 3 | イージーフロッシング 上肢 |

肩　　ヒジ　　手首　　**手指**

巻く・捻る・伸ばす　**動かす**

4-4 筋肉へのアプローチ
手指を動かす

4-4 中級

初級　手指開閉

フロスバンドを巻いた抵抗が手指に対して十分に強いため、関節へのアプローチが、筋肉にも効果を及ぼす。
関節へのアプローチ初級2の「手指開閉」(P65)を初級として扱ってもかまわない

中級　ボールを握る

1 ハンドエクササイザーを持つ

2 フロスバンドを巻いた指を曲げて握る。伸ばす際は力を抜く

グリップトレーナーなどを利用してもいい

POINT 回数 **5**回　1回1回、指がしっかりと曲がるように行う

※初級と中級の中から1種類を選択して行う。完了したらコンプレフロスをほどき、「伸ばす」および「動かす」と同じ動きを同じ回数行う

第**4**章

イージーフロッシング
下肢

この章では、「股関節」、「ヒザ」、「足首」、「足指・足部」に関する
フロッシングの実践メニューと、フロッシングを行う前の各部位の
セルフチェックを解説します。
股関節やヒザのメニューには、負荷が高いものがあります。
自分の体力に合ったメニューを選んで実施しましょう。

PART 4　イージーフロッシング 下肢

股関節　　ヒザ　　足首　　足指、足部

セルフチェック／肉離れとグローインペインに
股関節のフロッシング

CHECK 股関節の可動域をセルフチェック
1つでもできなければ、フロッシングを行う

☑ 両足の裏を座って合わせ、ヒザを地面に近づける
○ 左右均等に床に近づく

☑ 仰向けに寝て、一方のヒザを抱える
○ 太ももが胸につく

☑ 足をそろえ、ヒザを曲げずに前屈する
○ 指先が床につく

☑ 足をそろえ、うしろに反る
○ 胸が床と平行になる

＊この2つは、できなくても股関節には問題ない場合がある。その際は、腰、骨盤のフロッシングへ

こんな人は積極的に股関節のフロッシングを行おう

該当する痛み、違和感、病態	推奨される動作とスポーツ
○股関節とおしりに痛み ○股関節に硬さ ○肉離れ ○グローインペイン ○変形性股関節症 ○O脚とX脚	○走る動作や跳ぶ動作が多いスポーツ 陸上（特に短距離、跳躍）、サッカー、バレーボール、バスケットボール、剣道、ソフトボール、ホッケー、ハンドボール、バドミントン、テニス、卓球、ボート、水泳、ゴルフ、空手、体操、ラグビー、アメリカンフットボール、ラクロス、アルティメット、パワーリフティング、アーチェリー、ボクシング、相撲、レスリングなど

※注意：安静（じっとしている状態）時にも痛みがある場合は実施せず、まずは整形外科で診てもらう

| 巻く | 捻る | 伸ばす | 動かす |

1-1
股関節に巻く方法

推奨コンプレフロスの幅と長さ
2inch×3.5m

アンカーの位置

1 片手で押さえながら、バンドを太ももの付け根に1周巻く

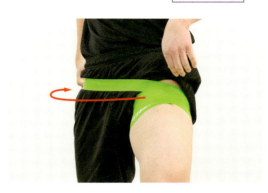

2 太ももに2、3巻きしたら、骨盤全体に巻く

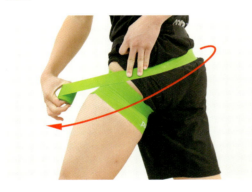

3 骨盤外側の出っ張りの大転子（大腿骨の上端）で、クロスするように巻く

4 太ももと骨盤全体とを交互に巻く

巻き終わり

5 骨盤に2巻きしたら、太ももに再び巻く。最後はバンドの中に入れ、しっかりと止める

PART 4　イージーフロッシング 下肢

股関節　　ヒザ　　足首　　足指、足部

1-2　皮膚へのアプローチ
股関節の皮膚を捻る

1　大転子周辺を押してずらす

片手で大転子を押さえ、縦に上から下へ、そして、下から上へ4、5回ずつ押す

ゴムの摩擦を利用し、全体をしっかりと捻る

2　両手で捻る

太ももを両手で挟み、内捻りと外捻りを4、5回ずつ行う

ペアで

ペアになり、大転子周辺を押してずらす

皮膚をしっかりと柔らかくしたい場合は、誰かとペアになって実施する。手のひらの底を太ももにあて、上下と左右に4、5回ずつ押す

ペアで

ペアになり、両手で捻る

太ももを両手で挟み、内捻りと外捻りを4、5回ずつ行う

1-3 関節へのアプローチ
股関節を伸ばす

初級 1　その場で足踏み

1 まっすぐに立つ

2 太ももを しっかりと上げる

3 両足とも しっかりと上げ、 足踏みをする

POINT　回数 20回　巻いていない状態と同じような速度と角度で動かす

初級 2　股関節を大きく回旋

1 まっすぐに立ち、 バンドを巻いた足を 前に出す

2 太ももを 前方に水平に上げ、 ヒザを外側に動かす

3 太ももを 真横に水平に上げ、 ヒザを内側に戻す

POINT　往復 5回　巻いていない状態と同じような速度と角度で動かす

※初級と中級の中から1種類を選択して行う

PART 4　イージーフロッシング 下肢

股関節　　ヒザ　　足首　　足指、足部

1-3 初級3 / 1-3 初級4

初級3　フロントキック

1 まっすぐに立ち、前方、肩の高さまで手を上げる

2 つま先を手につける。できなくても、限界まで上げる

3 足を元の位置に戻す

POINT　回数 **5〜10回**　ヒザをしっかりと伸ばす

初級4　バックキック

1 片手を壁につき、まっすぐに立つ

2 足をうしろに上げる

3 足を元の位置に戻す

POINT　回数 **5〜10回**　体幹をしっかりと固定してヒザを伸ばし、うしろに蹴る

| 巻く | 捻る | **伸ばす** | 動かす |

  1-3 中級1
  1-3 中級2

中級 1　大殿筋のストレッチ

1 骨盤をしっかりと立て、イスに座る

2 上半身を前に倒す

3 上半身を元の位置に戻す

POINT 回数 **10回**　胸を張って骨盤を倒す。背中を丸めないように行う

中級 2　体育座りで股関節内旋

1 両ヒザを立てて座った状態から、上体を後方に傾け、両手をうしろにつく

2 ヒザを内側に倒す

3 ヒザを元の位置に戻す

POINT 回数 **10回**　股関節を支点にして行う

PART 4　イージーフロッシング 下肢

股関節　　ヒザ　　足首　　足指、足部

1-4　筋肉へのアプローチ
股関節を動かす

初級　スクワット

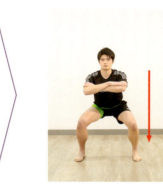

横から

1 足を肩幅ぐらいに開いて立つ。腕を組み、胸の前で水平に上げる

2 おしりをうしろに引きながら、股関節を曲げる

骨盤をしっかりと前傾させ上半身を倒しすぎない

POINT　回数 **5回**　ヒザではなく、股関節を支点にして行う

中級1　サイドスクワット

1 足を肩幅の1.5倍の広さに開いて立つ

2 おしりをうしろに引きながら、バンドを巻いたほうの股関節を曲げる

3 足を元の位置に戻す

POINT　回数 **5回**　ヒザではなく、股関節を支点にして行う

※初級、中級、上級の中から1種類を選択して行う。完了したらコンプレフロスをほどき、「伸ばす」および「動かす」と同じ動きを同じ回数行う

| 巻く | 捻る | 伸ばす | **動かす** |

1-4 中級2

1-4 中級3

中級2　フロントスプリットランジ

横から

1 バンドを巻いた足をふらつかない程度に大きく前に出す

2 出したヒザを動かさないようにしながら、前後左右に股関節を曲げ、おしりを真下に下げる

前足のスネを床と垂直にする

POINT 回数 **5回** ヒザではなく、股関節を支点にして動かす。背骨を床と垂直に保つ

中級3　クロスランジ

横から

1 足を交差して立つ。ヒジを張り、左右の真ん中で手をグーとパーにして合わせて押し合う

2 おしりを真下に下げる

うしろのヒザを床ギリギリで止める

POINT 回数 **5回** 前脚に体重の9割以上を乗せて行う

PART 4　イージーフロッシング 下肢

股関節　　ヒザ　　足首　　足指、足部

1-4 上級1

1-4 上級2

上級1　その場ダッシュ

1 力を抜き、まっすぐに立つ

2 太ももを交互にできるだけ速く床と水平まで引き上げる

POINT 回数 **20回**　体幹をまっすぐにして行う

上級2　ホッピング

1 バンドを巻いたほうの足で立つ

2 ヒザを軽く曲げた状態からジャンプする

ヒザにも活用

「股関節の筋肉へのアプローチ」の上級1と2は、「ヒザの筋肉へのアプローチ」の上級としても活用できる

POINT 回数 **5回**　なるべく高く飛ぶ。着地時はおなかに力を入れ、体がブレないようにする

| 巻く | 捻る | 伸ばす | 動かす |

1-5 巻き方のバリエーション
1 股関節の前部が痛いときに、さらに効かせる

推奨コンプレフロスの幅と長さ
2inch×3.5m

うしろ側　　前側

POINT
グローインペインにおすすめ
捻る、伸ばす、動かす運動を行う際は、通常と同じ方法で実施する
クロスした部分で、皮膚へのアプローチを行う

1 バンドを片手で押さえながら、太ももの付け根に2、3巻きする。そのあと、骨盤全体に巻く

2 大転子よりも前の太ももの真ん中で、クロスするように巻く

3 2回クロスさせたら、太ももに再び巻く。最後はバンドの中に入れ、しっかりと止める

PART 4　イージーフロッシング 下肢

股関節　　ヒザ　　足首　　足指、足部

2 おしりが痛いときに、さらに効かせる

推奨コンプレフロスの幅と長さ
2inch×3.5m

うしろ側　　前側

POINT
捻る、伸ばす、動かす運動を行う際は、通常と同じ方法で実施する
打撲や坐骨神経痛へのアプローチとしても効果がある
クロスした部分で、皮膚へのアプローチを行う

アンカーの位置

1 バンドを片手で押さえながら、太ももの付け根に2、3巻きする。そのあと、骨盤全体に巻く

うしろから

2 大転子よりもうしろの太もものうしろで、クロスするように巻く

巻き終わり　　うしろ側　　前側

3 2回クロスさせたら、太ももに再び巻く。最後はバンドの中に入れ、しっかりと止める

3 ハムストリングスの肉離れに、さらに効かせる

推奨コンプレフロスの幅と長さ
2inch×3.5m

POINT
- 股関節の付け根、真ん中、ヒザ寄りの肉離れをしている位置に巻く
- 肉離れ箇所の周囲をしっかりと捻る
- 捻る、伸ばす、動かす運動を行う際は、痛くない範囲で実施する
- 急性期（症状の発症初期）から実施できる

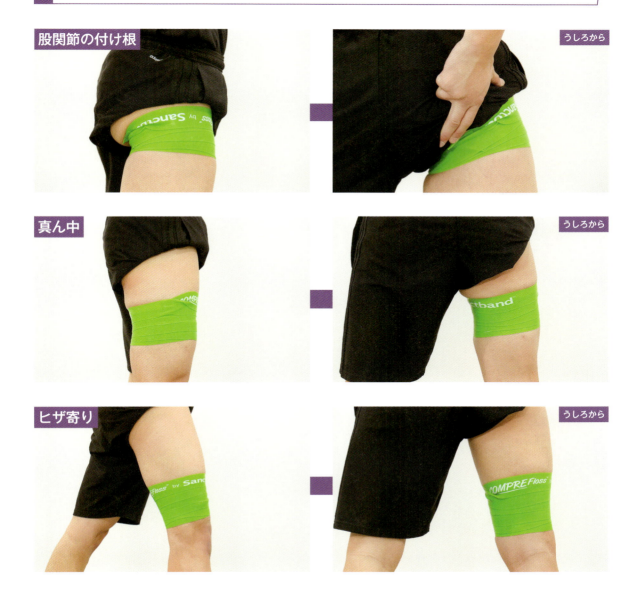

PART 4　イージーフロッシング 下肢

股関節　　**ヒザ**　　足首　　足指、足部

セルフチェック／手術後のリハビリにも
ヒザのフロッシング

CHECK ヒザの可動域をセルフチェック
1つでもできなければ、フロッシングを行う

☑ 両足と両ヒザを開いて
しゃがむ

○ **太もも裏が
ふくらはぎにつく**
（かかとを浮かせてもかまわない）

☑ 正座し、
体重をかける

○ **正座しても、
違和感や痛みがない**

こんな人は積極的にヒザのフロッシングを行おう

該当する痛み、違和感、病態	推奨される動作とスポーツ
○ヒザに痛み ○ヒザ周囲に硬さ ○靭帯損傷 ○手術後のリハビリとして ○オスグットシュラッター病 ○変形性膝関節症 ○スポーツ膝障害	○ヒザをよく使うスポーツ 陸上（特に短距離、跳躍）、サッカー、バレーボール、バスケットボール、剣道、ホッケー、ハンドボール、バドミントン、テニス、卓球、ボート、水泳、ゴルフ、空手、体操、ラグビー、アメリカンフットボール、ラクロス、アルティメット、パワーリフティング、アーチェリー、ボクシング、相撲、レスリングなど

※注意：安静（じっとしている状態）時にも痛みがある場合は実施せず、まずは整形外科で診てもらう

| 巻く | 捻る | 伸ばす | 動かす |

2-1 ヒザに巻く方法

推奨コンプレフロスの幅と長さ
2inch×2m

アンカーの位置

1 足を前に出し、ヒザを30度曲げる。バンドを脛骨粗面（ヒザの皿の下）で1周巻く

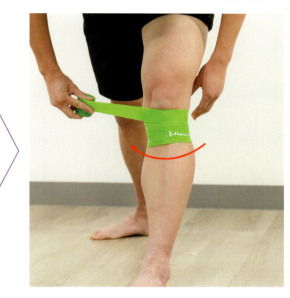

2 巻く強さを最後まで一定に保つ

巻き終わり

3 ヒザの上まで巻く。先端をバンドの中に入れ、しっかりと止める

横から　うしろから

81

PART 4　　イージーフロッシング　下肢

股関節　　**ヒザ**　　足首　　足指、足部

2-2　皮膚へのアプローチ
ヒザの皮膚を捻る

1 心臓から遠い位置

2 中間

3 心臓に近い位置

ヒザの正面を両手で押さえ、縦に上から下へ、そして、下から上へ、4、5回ずつ押す

4 心臓から遠い位置

5 中間

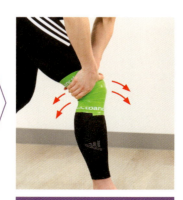
6 心臓に近い位置

加えて、内捻りと外捻りを3カ所で4、5回ずつ行う

ゴムの摩擦を利用し、全体をしっかりと捻る

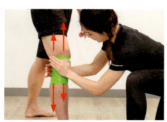

ペアになり、両手で捻る

皮膚をしっかりと柔らかくしたい場合は、誰かとペアになって実施する。手をヒザの両側にあて、横に捻る。さらに、手のひらをヒザの正面にあて、上から下へ、下から上へ、ずらすように押す

2-3 関節へのアプローチ
ヒザを伸ばす

初級　スクワット

横から

1 足を肩幅の広さに開いて立ち、ヒジから先を組んで水平に上げる

2 おしりをうしろに引きながら、股関節を曲げて戻す

おしりを床と水平の高さまで下ろす

POINT 回数 **5回** ヒザではなく、股関節を支点にして行う

中級　フルスクワット

横から

1 足を肩幅の広さに開いて立ち、ヒジから先を組んで水平に上げる

2 股関節を曲げ、おしりを限界まで下ろして戻す

POINT 回数 **5回** 上がるときに、地面を両脚でしっかりと押す

※初級と中級の中から、1種類を選択して行う

PART 4　イージーフロッシング 下肢

股関節　**ヒザ**　足首　足指、足部

2-4　筋肉へのアプローチ
ヒザを動かす

2-4 初級

初級　ニーアウトスクワット

横から

1 手を腰にあて、足を前後に開く

2 前脚のヒザをつま先よりも外側に開いてから、体重をかける。うしろ足のかかとが床から浮かないようにする

POINT　回数 5回　おしりの横側に力が入るように行う

中級　フルスクワット

「ヒザの関節へのアプローチ」の中級（P83）は、「ヒザの筋肉へのアプローチ」の中級も兼ねる

上級　ダッシュ、ホッピング

「股関節の筋肉へのアプローチ」の上級1と2（P76）は、「ヒザの筋肉へのアプローチ」の上級も兼ねる

※初級、中級、上級の中から、1種類を選択して行う。完了したらコンプレフロスをほどき、「伸ばす」および「動かす」と同じ動きを同じ回数行う

| 巻く | 捻る | 伸ばす | 動かす |

2-5　巻き方のバリエーション
1 ヒザに痛みが出ているとき

推奨コンプレフロスの幅と長さ
1inch×2m

アンカーの位置 / 巻き終わり

1 ヒザを立て、バンドを脛骨粗面に巻く

2 4周くらい巻く

3 先端を芯（コア）ごとバンドの中に入れ、しっかりと止める

POINT
捻る、伸ばす、動かす運動を行う際は、通常と同じ方法で実施する
細いコンプレフロスは、より深部へのアプローチが可能になる

2 太ももの硬さをとる

推奨コンプレフロスの幅と長さ
2inch×3.5m

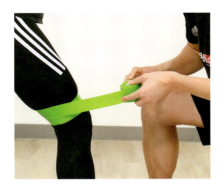

正面から

1 ヒザのすぐ上に巻く

2 太もも全体に巻く

POINT
捻る、伸ばす、動かす運動を行う際は、P123、124の方法を実施する
太もも周辺の組織の硬さが、ヒザの痛みに影響している場合がある

※頚椎ヘルニアや胸郭出口症候群など、しびれや放散痛がある場合は、専門家の指導の下に実施する

PART 4　イージーフロッシング 下肢

股関節　　ヒザ　　**足首**　　足指、足部

セルフチェック／捻挫がクセになっている人に
足首のフロッシング

CHECK 足首の可動域をセルフチェック
1つでもできなければ、フロッシングを行う

☑ 手を前に上げ、かかとをつけた状態でしゃがむ

○ 下までしゃがめる

こんな人は積極的に足首のフロッシングを行おう

該当する痛み、違和感、病態	推奨される動作とスポーツ
○足首に痛み ○足首に硬さ ○捻挫の繰り返し ○腰、股関節、ヒザに慢性的痛み ○アキレス腱損傷	○走る動作や跳ぶ動作が多いスポーツ 陸上（特に短距離、跳躍）、サッカー、バレーボール、バスケットボール、剣道、ホッケー、ハンドボール、バドミントン、テニス、卓球、ボート、水泳、ゴルフ、空手、体操、ラグビー、アメリカンフットボール、ラクロス、アルティメット、パワーリフティング、アーチェリー、ボクシング、相撲、レスリングなど

※注意：安静（じっとしている状態）時にも痛みがある場合は実施せず、まずは整形外科で診てもらう

| 巻く | 捻る | 伸ばす | 動かす |

3-1
足首に巻く方法

推奨コンプレフロスの幅と長さ
2inch×2m

アンカーの位置

1 足首を90度に曲げ、バンドを土踏まずのつま先寄りに1周巻く

2 かかとにかかるところまで巻いたあと、アキレス腱にかかる部分で少し隙間をあけ、すねに巻き進めていく

巻き終わり

3 巻く強さを最後まで一定に保つ。先端を足首の上でバンドの中に入れ、しっかりと止める

横から

| PART 4 | イージーフロッシング 下肢 |

| 股関節 | ヒザ | **足首** | 足指、足部 |

3-2 皮膚へのアプローチ
足首の皮膚を捻る

1 足の甲の中間あたり

2 かかと

3 くるぶしの上

内捻りと外捻りを3カ所で4、5回ずつ行う。加えて、ヒザの正面を両手で押さえ、縦に上から下へ、そして、下から上へ4、5回ずつ押す

バンドの摩擦を利用し、全体をしっかりと捻る

| 巻く | 捻る | 伸ばす | 動かす |

3-3 関節へのアプローチ
足首を伸ばす

 3-3 初級1
 3-3 初級2

初級 1　踏み込み動作

負荷をかける

1 手を太ももにあて、足を前後に開いて立つ

2 ヒザを少し外に出しながら、足首の前側に負荷がかかるように踏み込む

体重を足裏に、しっかりとかける

POINT 回数 **10回**　踏み込んだときに、前足のかかとが浮かないように行う

初級 2　足首回し

1 イスに座り、バンドを巻いている足をもう一方の足に乗せ、足先を逆側の手で持つ

2 足先を大きく回す

3 反対回りに大きく回す

POINT 回数 **5回**（逆回転も5回）　ゆっくりと、大きく動かすようにして行う

※初級と中級の中から、1種類を選択して行う

PART 4　イージーフロッシング 下肢

| 股関節 | ヒザ | **足首** | 足指、足部 |

3-3 中級

中級　しゃがみ込み姿勢でサイドシフト

1 足を肩幅の1.5倍の広さに開いて立つ

2 おしりをうしろに引き、股関節を深く曲げる

3 身体を右にスライドさせ、体重を右足にかける。かけた足の母指球とかかとが浮かないようにする

4 身体を左にスライドさせ、戻す

横から

POINT　回数 **5**回　体重を足裏にかけながら、体幹を左右に動かす
足首の外側にしわが寄るようにする

| 巻く | 捻る | **伸ばす** | 動かす |

3-4 筋肉へのアプローチ
足首を動かす

初級 1　カーフレイズ

横から

1 足を軽くそろえて立つ　　**2** かかとを限界まで上げる　　体重を指先に乗せる

POINT 回数 **10〜20**回 ／ かかとを最大角度まで上げる

初級 2　歩行

1 不必要な力みを
とって立つ　　**2** 周囲を歩く

POINT 秒数 **30〜40**秒 ／ 巻いていない場合と同じように歩く。足を引きずらない

※初級と中級の中から、1種類を選択して行う。完了したらコンプレフロスをほどき、「伸ばす」および「動かす」と同じ動きを同じ回数行う

PART 4　イージーフロッシング 下肢

股関節　　ヒザ　　**足首**　　足指、足部

中級 1　ドンキーカーフレイズ

1 足を肩幅の1.5倍の広さに開いて立つ。
おしりをうしろに引き、股関節を軽く曲げる

2 股関節を曲げた状態のまま、かかとを上げる

POINT 回数 **10〜20回**　かかとを最大角度まで上げる

中級 2　連続ジャンプ

1 足の間にこぶし1個分のスペースをとり、ジャンプできる体勢をとる

2 ジャンプする

POINT 回数 **10〜15回**　接地時間をなるべく短くする
腕も使ってジャンプし、滞空時間を長くする

| 巻く | 捻る | 伸ばす | 動かす |

3-5 巻き方のバリエーション
足首の柔軟性をより出す

推奨コンプレフロスの幅と長さ
2inch×2m

POINT
捻る、伸ばす、動かす運動を行う際は、通常と同じ方法で実施する
捻挫の急性期、慢性期におすすめ。その際は、足首を軽めに動かす程度で終わらせる
バンドが50％以上重なってもかまわない

1 足をイスなどにおく。
足首を90度曲げた状態で、
バンドを土踏まずのかかと寄りに巻く

2 2周させたら、足首に巻く。
8の字を描くようにして、くり返し巻く

巻き終わり

3 先端をバンドの中に入れ、
しっかりと止める

93

PART 4　　　イージーフロッシング 下肢

股関節　　　ヒザ　　　足首　　　**足指、足部**

セルフチェック／足指が硬い人に
足指、足部のフロッシング

CHECK　足指、足部の可動域をセルフチェック
1つでもできなければ、フロッシングを行う

☑ 足指を曲げ、体重を乗せる
○ 体重をかけられる

☑ 足指を曲げる（握る）
○ 足の拳が出る

☑ 足指を開く
○ すべての指が離れる

こんな人は積極的に足指、足部のフロッシングを行おう

該当する痛み、違和感、病態	推奨される動作とスポーツ
○足指に痛み ○足指に硬さ ○腰、股関節、ヒザ、足首に慢性的痛み	○地面とのコンタクトがあるスポーツ 野球、ソフトボール、陸上（特に投擲競技）、バレーボール、バスケットボール、剣道、ホッケー、ハンドボール、バドミントン、テニス、卓球、サッカー、ゴルフ、空手、体操、ラグビー、アメリカンフットボール、ラクロス、ボウリング、アルティメット、パワーリフティング、アーチェリー、ボクシング、相撲、レスリングなど

※注意：安静（じっとしている状態）時にも痛みがある場合は実施せず、まずは整形外科で診てもらう

| 巻く | 捻る | 伸ばす | 動かす |

4-1　足指、足部に巻く方法
1 親指（横アーチ）の巻き方

4-1 親指

アンカーの位置

1 バンドを肌に密着させ、指の先端の関節の上で、外れないようにして1周巻く

2 親指を2、3周巻いたら、母指球の下を巻く

3 8の字を描き、指に戻る

4 最後まで一定の強さを保ちながら、土踏まずと足の甲を巻く

巻き終わり

5 2～4周巻いたら、先端を芯（コア）ごとバンドの中に入れ、しっかりと止める

推奨コンプレフロスの幅と長さ
1inch×2m

95

PART 4　　イージーフロッシング 下肢

股関節　　ヒザ　　足首　　**足指、足部**

2 その他の指の巻き方 （例：人差し指）

1 バンドを肌に密着させ、指の先端の関節の上で、外れないようにして1周巻く

2 2、3周巻いたら、母指球の下を巻く

3 2〜4周巻いたら、先端を芯（コア）ごとバンドの中に入れ、しっかりと止める

3 横アーチのみの巻き方

推奨コンプレフロスの幅と長さ
1inch×2m

1 バンドを肌に密着させ、母指球のかかと側から、外れないようにして1周巻く

2 巻く強さを最後まで一定に保つ

3 土踏まずの甲側で、先端を芯（コア）ごとバンドの中に入れ、しっかりと止める

※「横アーチのみの巻き方」の動画はありません

| 巻く | 捻る | 伸ばす | 動かす |

4-2 皮膚へのアプローチ
足指、足部の皮膚を捻る

1 指先をつまんで捻る

一方の手で足を固定し、
内捻りと外捻りを4、5回ずつ行う

2 指全体を握って捻る

一方の手で足を固定し、
内捻りと外捻りを4、5回ずつ行う

3 足底を押し、足先を引く

一方の手で足を固定し、
足の底を手のひらで押しながら、
押した部分を前後にすべらせる

バンドの摩擦を利用し、全体をしっかりと捻る

| PART 4 | イージーフロッシング 下肢 |

股関節　　ヒザ　　足首　　**足指、足部**

4-3 関節へのアプローチ
足指、足部を伸ばす

初級　手を使って親指のストレッチ

1 座って足を組み、足の指を手で持つ

2 足の指を足の甲側と裏側に交互に手で押し、ストレッチする

| POINT 往復 **5**回 | 巻いていない場合と同じ角度まで曲げる |

TOPICS
バンドがあまる場合は芯（コア）を一緒に挟む

　身長、体格、巻く関節によっては、フロスバンドがあまる場合が出てきます。その際は、あまった部分をそのままにした上で、バンドの中に芯（コア）ごと挟み込んでください。
　コンプレフロスには、プラスチック製の専用コアが用意されています。芯（コア）を中に入れて使用する頻度が多い人は、専用コアを活用すると、より快適にフロッシングできます。

| 巻く | 捻る | **伸ばす** | 動かす |

4-3 中級

中級 足指伸展、正座ストレッチ

1 正座する。
足首を立て、
指の腹を床につける

2 骨盤から後傾し、
体重を指にかける。
腰が痛い場合は
無理をしない

指を動かさない

足幅をこぶし1個分に開く

POINT 秒数 **15秒** 指が外側に逃げないように、体重をかける

99

| PART 4 | | イージーフロッシング 下肢 |

| 股関節 | ヒザ | 足首 | **足指・足部** |

巻く / 捻る / 伸ばす / **動かす**

4-4 筋肉へのアプローチ
足指、足部を動かす

初級 1 握る

1 座って足を組む

2 足の指を曲げる

3 限界まで曲げたら戻す

| POINT | 回数 **5** 回 | 限界まで曲げる |

4-4 初級1 / 4-4 初級2

初級 2 前方踏み込み

1 バンドを巻いた足を前に出して立つ。体重をうしろに乗せる

2 体重を前足に乗せる

3 うしろ足を蹴り、体重を前足に完全に乗せる

| POINT | 回数 **10** 回 | 荷重量を徐々に多くしていく |

※初級の中から、1種類を選択して行う。完了したらコンプレフロスをほどき、「伸ばす」および「動かす」と同じ動きを同じ回数行う

第5章

イージーフロッシング
体幹

この章では、「胸椎、胸郭」、「腰、骨盤」に関する
フロッシングの実践メニューと、フロッシングを行う前の各部位の
セルフチェックを解説します。
フロッシングは、肌に直接巻くほうがベターですが、
服の上からでも十分な効果を発揮できます。
肌を出したくない場合は、服を着たままで実施しましょう。

PART 5 イージーフロッシング 体幹

胸椎、胸郭 | 腰、骨盤

セルフチェック／背中に痛みや硬さがある人に
胸椎、胸郭のフロッシング

CHECK 胸椎、胸郭の可動域をセルフチェック
1つでもできなければフロッシングを行う

☑ 後屈
○ 胸骨柄（胸骨ののど側の先端）が床と平行になる

こんな人は積極的に胸椎、胸郭のフロッシングを行おう

該当する痛み、違和感、病態	推奨される動作とスポーツ
○背中に痛み ○背中に硬さ ○分離症 ○椎間板ヘルニア ○すべり症	○すべてのスポーツ 野球、ソフトボール、陸上（特に投擲競技）、バレーボール、バスケットボール、剣道、ホッケー、ハンドボール、バドミントン、テニス、卓球、ボート、水泳、サッカー、ゴルフ、空手、体操、ラグビー、アメリカンフットボール、ラクロス、ボウリング、アルティメット、パワーリフティング、アーチェリー、ボクシング、相撲、レスリングなど

※注意：安静（じっとしている状態）時にも痛みがある場合は実施せず、まずは整形外科で診てもらう

| 巻く | 捻る | 伸ばす | 動かす |

1-1
胸椎、胸郭に巻く方法

アンカーの位置

1 バンドを芯(コア)から外し、みぞおちの下10センチのところで肌に密着させ、外れないようにして1周巻く

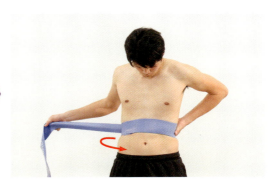

2 バンドの重なりが50%以上にならないように、気をつける

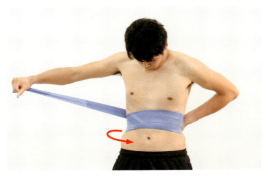

3 巻く強さを最後まで一定に保つ

巻き終わり

4 先端をみぞおちのあたりでバンドの中に入れ、しっかりと止める

うしろから

※服を着たままでも効果は出るが、よく滑るような服だと、効果が出ない場合がある

推奨コンプレフロスの幅と長さ
3inch×2m

| PART 5 | イージーフロッシング 体幹 |

胸椎、胸郭 | 腰、骨盤

1-2 皮膚へのアプローチ
胸椎、胸郭の皮膚を捻る

1 右側を捻る

2 左側を捻る

片手で胸郭を押さえ、左右へ4、5回ずつ押す
バンドの摩擦を利用し、全体をしっかりと捻る

ペアで

ペアになり、両手で捻る

皮膚をしっかりと柔らかくしたい場合は、誰かとペアになって実施する。手のひらの底を利用して押さえ、左右に動かす。身体の前面と後面を別々に行う

| 巻く | 捻る | 伸ばす | 動かす |

1-3 関節へのアプローチ
胸椎、胸郭を伸ばす

初級 1 　回旋

1 足を肩幅の広さに開いて立つ。胸を張り、手を組む。両ヒジを水平に上げる

2 身体を左右に捻る

POINT 往復 **5** 回　胸を張り、背中を支点にして捻る

初級 2 　側屈

1 足を肩幅の広さに開いて立ち、両手を頭のうしろで組む

2 身体を左右に倒す

POINT 往復 **5** 回　おしりを反対側に突き出すようにして倒す

※初級と中級の中から、1種類を選択して行う

105

PART 5　イージーフロッシング 体幹

| 胸椎、胸郭 | 腰、骨盤 |

初級 3　呼吸

1 足を肩幅の広さに開いて立つ。胸を張り、両手を横から胸郭にあてがう

2 5秒間、息を吸えるだけ吸う

3 8秒かけ、息を吐けるだけ吐く

POINT　回数 5回
吸う際には、肋骨を左右に大きく広げる
吐く際は、両手の力も使って肋骨を閉じる

初級 4　伸展

1 足を肩幅の広さに開いて立つ。胸を張り、手を胸の前で組む

2 胸をうしろに反らす。痛みのない範囲で動かす

3 限界まで反ったら戻す

POINT　回数 5回
腰ではなく、胸を支点にして反る

| 巻く | 捻る | **伸ばす** | 動かす |

1-3 中級1　　1-3 中級2

中級1　アイソレーションサイドシフト

1 胸を張って立ち、一方の手のひらを胸の中心に置く

2 胸だけを左右に動かす

POINT 往復 **5**回　首と骨盤を動かさない

中級2　アイソレーションフロントシフト＆バックシフト

 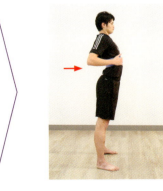 

1 胸を張って立ち、一方の手のひらを胸の中心に置く

2 息を吸い、胸を前に出す（胸郭を広げる）

3 息を吐き、胸をうしろに引く（背中を丸める）

POINT 往復 **5**回　首と骨盤を動かさない

PART 5　イージーフロッシング 体幹

胸椎、胸郭 ／ **腰、骨盤**

1-4　筋肉へのアプローチ
胸椎、胸郭を動かす

初級 1　バックエクステンション

  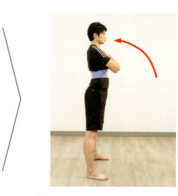

1 胸を張って立ち、両手を胸の前で組む

2 前を見て、胸を反った状態で、体幹を前に倒す

3 限界まで倒したら戻す

POINT　回数 5回　腰から反らない。肩をすくめない

初級 2　ハーフクランチ

1 仰向けになる。ヒザを90度曲げて立て、両手を頭のうしろで組む

2 息を吐きながら、頭と胸を軽く持ち上げ、息を吸いながら戻す

POINT　回数 5回　肩をすくめない。息を吐いて持ち上げる

※初級の中から、1種類を選択して行う。完了したらコンプレフロスをほどき、「伸ばす」および「動かす」と同じ動きを同じ回数行う

| 巻く | 捻る | 伸ばす | 動かす |

1-5 巻き方のバリエーション
高さを変える

推奨コンプレフロスの幅と長さ
3inch×2m

POINT
捻る、伸ばす、動かす運動を行う際は、通常と同じ方法で実施する
胸椎と胸郭は、ファシアの硬さが位置によって異なる。自分がハリやコリを一番感じる高さに巻くと、効果が出やすくなる

アンカーの位置

1 バンドをみぞおちの上で肌に密着させ、外れないようにして1周巻く

2 巻く強さを最後まで一定に保つ

巻き終わり

3 先端を胸の上部でバンドの中に入れ、しっかりと止める

PART 5 　　イージーフロッシング 体幹

胸椎、胸郭　　　　　　　　　　腰、骨盤

セルフチェック／腰痛、すべり症に
腰、骨盤のフロッシング

CHECK 腰の可動域をセルフチェック

☑ 足をそろえ、ヒザを曲げずに前屈する

○ 指先が床につく

☑ 足をそろえ、うしろに反る

○ 腰骨が
つま先の位置を越えるまで、
痛みなく、
腰を反ることができる

＊上の2つについては、股関節に問題がない場合に、腰と骨盤のチェックとして扱う

| 巻く | 捻る | 伸ばす | 動かす |

☑ **上半身を横に倒す**

- 痛みなく、身体を横に倒せる
- 骨盤が反対側に動く
- 倒した際に足が浮かない

☑ **上半身を捻る**

- 痛みなく、身体を90度ひねることができる

こんな人は積極的に腰、骨盤のフロッシングを行おう

該当する痛み、違和感、病態	推奨される動作とスポーツ
○腰に痛み ○腰に硬さ ○仙腸関節障害 ○分離症 ○椎間板ヘルニア ○すべり症	○すべてのスポーツ 野球、ソフトボール、陸上（特に投擲競技）、バレーボール、バスケットボール、剣道、ホッケー、ハンドボール、バドミントン、テニス、卓球、ボート、水泳、サッカー、ゴルフ、空手、体操、ラグビー、アメリカンフットボール、ラクロス、ボウリング、アルティメット、パワーリフティング、アーチェリー、ボクシング、相撲、レスリングなど

※注意：安静（じっとしている状態）時にも痛みがある場合は実施せず、まずは整形外科で診てもらう

111

| PART 5 | イージーフロッシング 体幹 |

| 胸椎、胸郭 | **腰、骨盤** |

2-1
腰、骨盤に巻く方法

推奨コンプレフロスの幅と長さ
3inch×2m

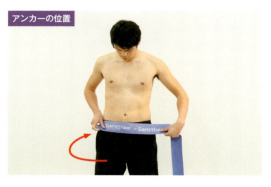

アンカーの位置

1 芯(コア)からバンドを外し、へその下10センチで肌に密着させ、外れないようにして1周巻く

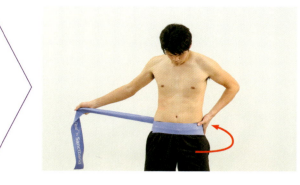

2 バンドを1.5倍の長さにしっかりと伸ばして巻く

3 巻く強さを最後まで一定に保つ

巻き終わり

4 先端をへそのあたりでバンドの中に入れ、しっかりと止める

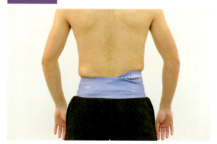

うしろから

※服を着たままでも効果は出るが、よく滑るような服だと、効果が出ない場合がある

112

2-2 皮膚へのアプローチ
腰、骨盤の皮膚を捻る

左右それぞれで、
体側前側に手を上からあて、
上下に4、5回動かす。
背中側では、
両手同時に上下に4、5回動かす

バンドの摩擦を利用し、全体をしっかりと捻る

ペアになり、両手で捻る

皮膚をしっかりと柔らかくしたい場合は、誰かとペアになって実施する。前側とうしろ側（仙骨あたり）で挟むようにして手で押さえ、上下に動かす

| PART 5 | イージーフロッシング 体幹 |

| 胸椎、胸郭 | **腰、骨盤** |

2-3 関節へのアプローチ
腰、骨盤を伸ばす

| 初級 1 | 回旋 |

1 足を肩幅の広さに開いて立つ。胸の前でヒジから先を重ね、両手を水平に上げる

2 身体を左右に捻る

POINT 往復 **5**回 おしりを締め、骨盤を支点にして捻る

| 初級 2 | 側屈 |

1 足を肩幅の広さに開いて立つ。両手を胸の前でクロスさせる

2 身体を左右に倒す

POINT 往復 **5**回 おしりを反対側に突き出すようにして倒す

※初級と中級の中から、1種類を選択して行う

| 巻く | 捻る | 伸ばす | 動かす |

 2-3 初級3

 2-3 初級4

初級3　前屈

1 足を腰幅の広さに開いて立つ
2 身体を前に倒す
3 限界まで倒したら戻す

POINT 回数 **5回**
骨盤を支点にする。骨盤を前傾させ、上体を前に倒す
骨盤を後傾させ、上体を元に戻す

初級4　伸展

1 足を肩幅の広さに開いて立ち、手を腰にあてる
2 胸をうしろに反らす
3 限界まで反ったら戻す

POINT 回数 **5回**
腰を支点にしない。おしりを締め、骨盤を支点にして反る
反る際は、骨盤を後傾させる。骨盤を後傾させたままのつもりで戻す

PART 5　イージーフロッシング 体幹

胸椎、胸郭　　　　　　　　腰、骨盤

2-3 中級1　　2-3 中級2

中級1　サイドシフト

1 足を腰幅の広さに開いて立ち、手を腰にあてる

2 上半身をまっすぐに立てたまま、骨盤を左右に動かす。股関節を足の真上まで動かす

POINT　往復 **5** 回　骨盤と上半身を同時に動かす

中級2　アイソレーション（骨盤前傾、後傾）

1 足を肩幅の広さに開き、ヒザを軽く曲げて立つ

2 腰を丸め、おしりの穴を前方に向ける（骨盤を後傾させる）

3 腰を反り、おしりの穴を後方に向ける（骨盤を前傾させる）

POINT　往復 **5** 回　肩の力を抜いて行う

| 巻く | 捻る | **伸ばす** | 動かす |

2-4 筋肉へのアプローチ
腰、骨盤を動かす

2-4 初級1　2-4 初級2

初級1　バックエクステンション

1 足を肩幅の広さに開いて立ち、両手を胸に置く

2 胸を反った状態を保ち、体幹を前傾させる

3 胸を反った状態を保ち、元の位置に戻る

POINT　回数 5回　腰から反らず、骨盤を支点にする。肩をすくめない

初級2　クランチ

1 仰向けに寝て、ヒザを90度に曲げる。骨盤を後傾させる。手を頭のうしろで組む

2 頭と胸を床から持ち上げる

POINT　回数 5回　肩をすくめない。息を吐いて持ち上げる

※初級の中から、1種類を選択して行う。完了したらコンプレフロスをほどき、「伸ばす」および「動かす」と同じ動きを同じ回数行う

| PART 5 | イージーフロッシング・体幹 |

| 胸椎、胸郭 | 腰、骨盤 |

捻る 伸ばす 動かす **巻く**

推奨コンプレフロスの幅と長さ
3inch×2m（2本）

2-5 巻き方のバリエーション
胸郭と骨盤同時のアプローチ

POINT
捻る、伸ばす、動かす運動を行う際は、通常と同じ方法で実施する
バンドを巻いたままで長時間を過ごさないように注意する
骨盤と胸郭を同時にフロッシングできる。運動は腰、骨盤のメニューを選択して行う
内臓に負荷がかかるので、気持ちが悪くなる場合は実施を中止する

1 最初に骨盤にバンドを巻き、しっかりと止める

2 続けて胸郭に巻く

3 胸の上部でバンドの中に入れ、しっかりと止める

第**6**章

日常の疲労に
対して

この章では、一般的な生活から生まれる疲れや、
アスリートの日々の練習から生まれる疲れといった、
日常のさまざまな疲労に対して、
「太もも」、「ふくらはぎ」、「上腕」、「前腕」への
効果的な実践メニューを解説します。
また、「競技中」の疲労や、加齢で崩れることがない、
「美尻」のための実践メニューについても解説します。

PART 6 日常の疲労に対して

| 太もも | ふくらはぎ | 上腕 | 前腕 | 競技中 |

なんとなく疲れを感じている人に

日常の疲労に対して
できること

だれもが疲労からのすばやい回復を求めるべき

　疲労は、「中枢性疲労」と「末梢性疲労」に分類することができます。中枢性疲労は脳からくる疲労で、末梢性疲労は脳以外の疲労を指します。肩こり、腕や足のこわばりといった筋肉の疲労、目の疲れなどが末梢性疲労の症状で、本書のフロッシングは、末梢性疲労に対してアプローチします。

　末梢性疲労はいわゆる筋肉疲労で、スポーツや日常生活において非常に重要な要素です。例えば、練習を毎日重ねている選手は、筋肉が損傷したり、代謝によって疲労物質が蓄積したりすることから、疲労を発生させます。

　また、デスクワークが多い職場や学校では、座ったままで同じ姿勢を強いられるので、首や腰周囲の筋肉の循環が悪くなります。こうした状況から疲労物質が蓄積され、肩こりや腰痛を引き起こすのです。

　末梢性疲労の原因としては、"疲労物質の蓄積"と"組織損傷による痛みの物質の蓄積"が挙げられます。疲労物質は、プロトンブラジキニン、ヒスタミン、プロスタグランディンなどといった化学物質で、疼痛を引き起こしたり、組織に留まることで違和感や不快感を引き起こしたりします。

| 巻く | 捻る | 伸ばす | 動かす |

筋肉疲労を理解するための２つのポイント

1
筋肉疲労の蓄積がパフォーマンスを低下させる

筋肉の疲労は、パフォーマンスを低下させ、ケガを引き起こしやすくする。筋肉の疲労が蓄積したまま練習を重ねると、パフォーマンスは低下し続け、ケガのリスクが高まる。そのため、選手は疲労を一刻も早く除去する必要性がある

2
同じ姿勢を長時間とることや物を長時間持つことでも筋肉疲労は起こる

子育て世代の母親たちは、乳児を長時間抱っこすることで、上腕、前腕、腰回りの筋肉などに疲労を起こす。同じ姿勢を長時間とったり、物を長時間持ったりすることでも、筋肉疲労は起こる

フロッシングが疲労に対してできること

疲労に対してフロッシングができることは、組織の循環を加速させ、その組織に蓄積した化学物質の排出を助けることである。特に筋肉量が多い、上腕、前腕、大腿、下腿などの部位をフロッシングでしっかりとケアすることで、疲労をすばやく除去できる。筋肉には血液が比較的多く存在するため、フロッシングを用いての圧迫で組織が圧縮されたあとに血液が解放されることにより、多くの血流をその周辺と末端の組織に流入させることができる。血液循環やリンパ循環の増加が見込めることになり、その結果、蓄積した化学物質を排出させる手助けができる

PART 6　　　日常の疲労に対して

太もも　　ふくらはぎ　　上腕　　前腕　　競技中

太もものフロッシング

　長時間走るスポーツをしたあとや長時間座ったあとには、必ず太ももに疲労が蓄積します。この疲労の蓄積を放っておくと、ヒザや股関節が硬い関節へと、どんどん変化していきます。太ももをしっかりとケアすれば疲労の蓄積は減少し、疲労しにくい太ももへと変化します。

1-1 太ももに巻く方法

推奨コンプレフロスの幅と長さ
2inch×3.5m

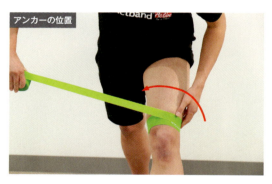

1 ヒザを軽く曲げた状態になる。バンドをヒザの上で肌に密着させ、外れないようにして1周巻く

2 巻く強さを最後まで一定に保つ

巻き終わり

うしろから

3 先端を太もも上部あたりでバンドの中に入れ、しっかりと止める

| 巻く | 捻る | **伸ばす** | 動かす |

1-2 皮膚へのアプローチ
太ももの皮膚を捻る

1 心臓から遠い位置

2 中間

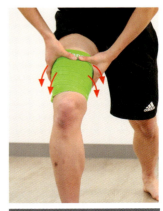
3 心臓に近い位置

内捻りと外捻りを3カ所で4、5回ずつ行う

バンドの摩擦を利用し、全体を両手でしっかりと捻る

1-3 関節へのアプローチ
太ももを伸ばす
股関節回し

1 一方の片足を
前に出して立つ

2 太ももを真上に上げ、
ヒザを外側に動かして
横に下ろす

3 太ももを真横に上げ、
ヒザを内側に動かして
前に下ろす

POINT 往復 **5**回 ｜ 巻いていない状態と同じような速度と角度で動かす

PART 6　日常の疲労に対して

| 太もも | ふくらはぎ | 上腕 | 前腕 | 競技中 |

1-4　筋肉へのアプローチ
太ももを動かす
スクワット

1 足を肩幅ぐらいに開き、胸に手をあてて立つ。つま先を前に向ける

2 おしりをうしろに引くようにしながら股関節を曲げ、太ももが水平になるまでしゃがむ

POINT　回数 5回　ヒザを支点にせずに股関節を支点にして行う

1-5　巻き方のバリエーション
鼠蹊部（そけいぶ）に近い部分に巻く

推奨コンプレフロスの幅と長さ
2inch×2m

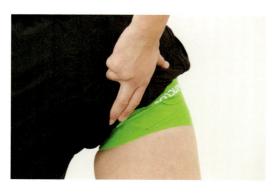

太ももが疲労している場合は、鼠蹊部に近い部分にフロッシングをすると効果がある。まずは、循環の経路を解放することが重要となる

| 巻く | 捻る | 伸ばす | 動かす |

ふくらはぎのフロッシング

瞬発的に動いたりジャンプしたりするスポーツのあとや長時間立ち続けたあとには、ふくらはぎに疲労が蓄積します。この疲労の蓄積を放っておくと足首がどんどん硬くなり、ヒザや腰への負担が大きくなります。ふくらはぎをしっかりとケアすれば疲労の蓄積は減少し、疲労しにくいふくらはぎへと変化します。

推奨コンプレフロスの幅と長さ
2inch×2m

2-1
ふくらはぎに巻く方法

アンカーの位置

1 足を前に出し、
ヒザから下を立てた状態になる。
バンドをふくらはぎの下部で肌に密着させ、
外れないようにして1周巻く

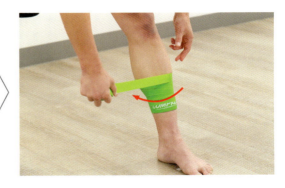

2 巻く強さを
最後まで一定に保つ

巻き終わり

3 先端を
ふくらはぎの上部でバンドの中に入れ、
しっかりと止める

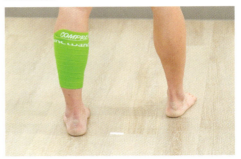

うしろから

125

PART 6　日常の疲労に対して

太もも　**ふくらはぎ**　上腕　前腕　競技中

2-2 皮膚へのアプローチ
ふくらはぎの皮膚を捻る

1 心臓から遠い位置

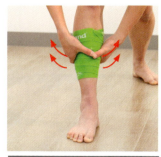
2 中間

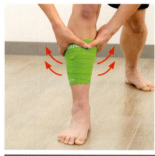
3 心臓に近い位置

内捻りと外捻りを3カ所で4、5回ずつ行う

バンドの摩擦を利用し、全体を両手でしっかりと捻る

2-3 関節へのアプローチ
ふくらはぎを伸ばす
空中で底背屈

1 壁を横にして立つ。手を壁について支え、バンドを巻いた足を前に少し上げる

2 足首を曲げ伸ばしする

POINT 往復 **5**回　関節が曲がる限界まで、しっかりと曲げる

| 巻く | 捻る | 伸ばす | 動かす |

2-4 筋肉へのアプローチ
ふくらはぎを動かす
アキレス腱伸張位から底屈

1 バンドを巻いていない足を前に出し、バンドを巻いた足のアキレス腱を伸ばす体勢をとる

2 アキレス腱を伸ばしたポジションから、かかとを上げる

3 限界まで上げたら戻す

POINT 回数 **5回** 関節が曲がる限界まで、しっかりと曲げる

TOPICS

自動運動は最大限の可動域で行う

関節や筋肉を動かすアプローチの際は、なるべく最大限の可動域で行ってください。ファシアは、通常、組織の上や組織の中に膜の状態で何層も重なっています。動きはじめでは最下層が動かされ、次に中間層、さらには最上層と、動きの範囲によって、動かされるファシアの層が変わっていきます。最大限の可動域で行うことで、ファシアの層全体を動かして、より広範囲の癒着を剥がし、状態を改善することが可能になります。

痛みを感じない程度で最大限のアプローチを行う

PART 6　日常の疲労に対して

太もも　ふくらはぎ　**上腕**　前腕　競技中

上腕のフロッシング

　腕を使うスポーツ、長時間のパソコン作業、子育て時の長時間抱っこなどにより、上腕に疲労が蓄積します。この疲労の蓄積を放っておくと、肩甲骨の周りがどんどん硬くなり、肩こり、首こり、肩、ヒジ、手首の痛みを引き起こします。上腕をしっかりとケアすれば疲労の蓄積は減少し、疲労しにくい上腕へと変化します。

3-1 上腕に巻く方法

推奨コンプレフロスの幅と長さ
2inch×2m

1 バンドをヒジの上で肌に密着させ、外れないようにして1周巻く

2 巻く強さを最後まで一定に保つ

3 先端を上腕の上あたりでバンドの中に入れ、しっかりと止める

3-2 皮膚へのアプローチ
上腕の皮膚を捻る

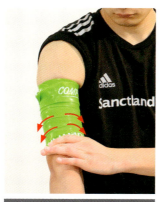
1 心臓から遠い位置

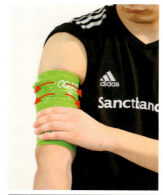
2 中間

3 心臓に近い位置

内捻りと外捻りを3カ所で4、5回ずつ行う

バンドの摩擦を利用し、全体を両手でしっかりと捻る

3-3 関節へのアプローチ
上腕を伸ばす
回旋

1 腕を身体の横に自然に下ろす

2 腕をまっすぐに伸ばし、前回しとうしろ回しを行う。ともに、大きく回す

| POINT | 回数 **5回** | 背中のうしろに通るように上腕を回す |

129

PART 6　日常の疲労に対して

太もも　ふくらはぎ　**上腕**　前腕　競技中

3-4　筋肉へのアプローチ
上腕を動かす
ヒジの屈曲、伸展

1 腕を楽にし、ヒジを肩の高さまで上げる

2 ヒジの位置を固定し、曲げ伸ばしする

| POINT | 回数 **5回** | 皮膚のつっぱりが出るが関節の曲がる限界までしっかり曲げる
必要であれば、反対の腕で曲がる角度を手伝う |

| 巻く | 捻る | 伸ばす | 動かす |

前腕のフロッシング

　テニス、野球、剣道などの手首を使うスポーツ、細かい手先の作業、重い物を手先で長時間持つ（赤ちゃんの抱っこや物の運搬）状態などを続けると、前腕に疲労が蓄積します。この疲労の蓄積を放っておくと、ヒジと手首がどんどん硬くなり、ヒジの痛み（テニスヒジ、野球ヒジ）や手首の痛み（腱鞘炎、TFCC損傷）を引き起こします。前腕をしっかりとケアすれば、疲労の蓄積は減少し、疲労しにくい前腕へと変化します。

4-1 前腕に巻く方法

推奨コンプレフロスの幅と長さ
2inch×2m

1 バンドを手首の上で肌に密着させ、外れないようにして1周巻く

2 巻く強さを最後まで一定に保つ

3 先端をヒジの下あたりでバンドの中に入れ、しっかりと止める

| PART 6 | 日常の疲労に対して |

| 太もも | ふくらはぎ | 上腕 | **前腕** | 競技中 |

4-2 皮膚へのアプローチ
前腕の皮膚を捻る

1 心臓から遠い位置

2 中間

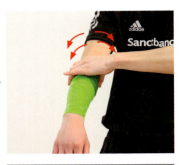
3 心臓に近い位置

内捻りと外捻りを3カ所で4、5回ずつ行う
バンドの摩擦を利用し、全体を両手でしっかりと捻る

4-3 関節へのアプローチ
前腕を伸ばす
手首の回旋

1 バンドを巻いた腕を
もう一方の手で固定する

2 大きな円を描くようにして、
手先をぐるっと1周回す

POINT 回数 **5回** 早く動かすよりも、じっくりと大きく動かす

| 巻く | 捻る | 伸ばす | 動かす |

4-4 筋肉へのアプローチ
前腕を動かす
手のひらの開閉

1 バンドを巻いた腕を
もう一方の手で固定する

2 最終可動域まで、
指をしっかりと曲げる

3 指全体が開くように、
しっかりと伸ばす

| POINT | 往復 **10**回 | 最終可動域まで曲がらなかったら、反対の手で助けながら行う
伸ばす動きも同様 |

TOPICS

「動かすこと」に意味がある

　関節や筋肉を動かすアプローチの動き方を写真や動画で見ると、専門的なトレーニングのようで難しいと感じるかもしれません。しかし、動きの形を「真似する」程度でもできれば、ファシアに刺激が入り、効果が出ます。もちろん、動き方がより正確にポイントをつく形になると、効果は増します。
　次第に上達すればいいと考えてください。はじめは動き方の正確性にはこだわらず、「動かすこと」自体をしっかりと行いましょう。

できるところまで動かすだけでも
十分な効果が出る

| PART 6 | 疲労対策 |

| 太もも | ふくらはぎ | 上腕 | 前腕 | 競技中 |

5-1
パフォーマンスを高める、競技中の疲労への対処

　競技中の疲労への対処は、スポーツ選手にとって非常に重要な要素です。競技中は集中力が日常の何倍も高まり、神経活動や筋活動が数倍も疲労します。そのため、時間とともに疲労が蓄積し、パフォーマンスが低下するのです。

　競技中に身体が重くて力が出にくいと感じ、時には筋肉が痙攣するような症状になるのは、筋肉中に蓄積したカルシウムイオンによる影響が大きいからです。カルシウムイオンは、筋に対して収縮しなさいと指令を出します。筋に対して高負荷をかけると、身体を制御するためにカルシウムイオンをたくさん放出し、筋肉がより強く収縮するように促します。それと同時に、カルシウムイオンを受け取る神経筋受容器が競技中の負荷ストレスによって破壊されてしまうので、カルシウムイオンは蓄積する一途を辿ります。そのため、カルシウムイオンの排出速度が追いつかなくなり、筋肉が弛緩しにくい状態になります。痙攣を起こすカルシウム濃度に少しの運動で達してしまい、筋が痙攣しやすくなるのです。

　血液循環とリンパ循環速度を向上させることで、蓄積されたカルシウムイオンの排出サポートが可能になります。コンプレフロスもそのためのツールの1つとして有用です。競技中に激しく使用した上腕、前腕、大腿、下腿などの部分にフロッシングを施すことによって、リフレッシュし、パフォーマンスを高められます。

　バンドの巻き方や、皮膚、関節、筋肉を動かすためのアプローチの仕方は、それぞれのパートをご覧ください。

フロッシングの医学的エビデンスの研究

　アスリートの傷害予防法であり、短期間での競技復帰を目的とした治療法でもあるフロッシングは、運動前後や医療現場などで使用されていますが、医学的エビデンスは少ないのが現状です。そこで、フロッシングの医学的エビデンス確立のために、健常若年男性を対象に腓腹筋(ふくらはぎにある筋肉)へのフロッシングを施行し、腓腹筋の柔軟性と筋出力への影響を静的ストレッチと比較する研究が、北里大学の高平尚伸教授らによって行われました。

　その結果、フロッシングの実施後は、実施前よりも筋出力が落ちることなく筋柔軟性が上がるとの結果が出ました。一方、静的ストレッチでは筋柔軟性は上がるものの、筋出力は落ちるとの結果が出ました(グラフ1とグラフ2)。

　また、下の写真のようにフロッシングの実施前と実施後を比較すると、目に見える形で効果を確認することができます。その点から、運動前のフロッシングは、傷害予防と運動パフォーマンスの向上に有用である可能性が考えられます。現在はフロッシングを大腿部に施行し、同様の研究を実施中です。今後は、肩、股、膝、足関節周囲のフロッシングによる生体内変化や筋機能に及ぼす影響を定量的に検証し、フロッシングが医学的エビデンスを伴った新たな予防法および治療法として安全かつ有用であるかを研究する予定にしています。

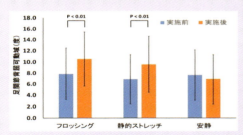

グラフ1 足関節背屈可動域における各条件実施前後での比較

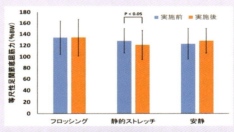

グラフ2 等尺性足関節底屈筋力における各条件実施前後での比較

実施前

実施後

研究では足関節の背屈可動域が12度から19度に向上した

高平 尚伸
(たかひら・なおのぶ)
北里大学教授、整形外科医
主な研究領域は、股関節外科、静脈血栓塞栓症、運動器リハビリテーション、スポーツ医学など。日本テニス協会医事委員、プロサッカークラブやプロ野球チームの研修ドクターなどを務める

金田 浩明
(かねだ・ひろあき)
理学療法士、北里大学大学院医療系研究科修士課程2年
大学院では、フロッシングが新たな予防法および治療法として有用であるかを検証する研究を行い、臨床では、障害予防、関節可動域制限、疼痛治療を目的にフロッシングを実施している。本書の実技モデル

APPENDIX　美尻トレーニング

基礎知識1
運動不足、加齢による おしりの変化

加齢と運動不足が進むと、おしりの筋肉への神経伝達持続力や筋肉量が低下し、その結果、おしりの形に変化が生じてしまいます。

加齢によって変化したおしり

若々しくて綺麗な理想のおしりとは？

- おしりの頂点の位置が上がって見えること
- おしりが丸く見えること
- おしりの下がたわんでいないこと

「理想のおしり」

「美尻」のためのメニューはバンドを股関節に巻いて行う

「理想のおしり」には、この3つのポイントが大切であることが、下着メーカーの研究などで明らかになっています。

3つのポイントを得るためには、股関節にバンドを巻き（P69参照）、P138とP139に掲載されている筋肉へのアプローチを行って、おしりの筋肉を活性化させる必要があります。

基礎知識2
理想の美尻をつくる
2つの活性化

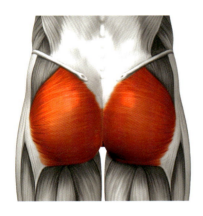

1

おしりの頂点を上げ、たわみを改善する
- 大殿筋の活性化 -

大殿筋はおしりの頂点を高く保つための非常に重要な役割を持つ。大殿筋が立ち姿勢を保持するための筋肉として働くと、常に上向きのおしりを手に入れられる

2

骨盤を締めて丸くする
- 中殿筋の活性化 -

中殿筋はおしりの丸みを高く保つための非常に重要な役割を持つ。中殿筋が立ち姿勢を保持するための筋肉として働くと、骨盤を細く保つことができ、丸いおしりを手に入れられる

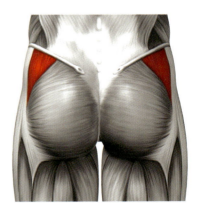

おしりの表層は分厚い脂肪入りのファシアで包まれている

　おしりの表層は、分厚い脂肪を含んだファシアの膜で覆われています。このファシアの滑走性が悪いと、おしりに力が入りにくい状態になります。

　つまんでみて、肌がボツボツと波打つような見た目になったりしていたら、ファシアの滑走性が悪くなっている可能性があります。

APPENDIX　美尻トレーニング

美尻をつくるアプローチ

6-1 バックキック with ミニループバンド

1 両足を腰幅の広さに開き、両足首の上にミニループバンドをかける。動かす足は、つま先を45度に開く

2 かかとを真うしろに限界まで引く

動かす足は、つま先を常に45度に開き、それを保つ

POINT 回数 **5〜10回**　腰を反らないようにおなかとお尻に力を入れ、ヒザを伸ばして行う

6-2 サイドキック with ミニループバンド

1 両足を腰幅の広さに開く。壁の正面に立ち、両手をつく。ミニループバンドを両足首の上にかける

2 バンドを股関節に巻いたほうの足を上げる。上げた足のつま先を正面に向け、真横に開く

POINT 回数 **5〜10回**　背骨が曲がらないようにおなかとおしりに力を入れ、ヒザを伸ばして行う

動かす

6-3 フルスクワット with ミニループバンド

横から

1 両足を肩幅の広さに開く。ミニループバンドを両ヒザの上にかける。両腕をヒジから先で組み、水平に上げる

2 おしりをうしろに引くようにしながら、太ももが水平よりも下がるまで、股関節を曲げていく

POINT 回数 **5〜10回** ヒザを支点にせず、股関節を支点にして行う

6-4 モンスターウォーク with ミニループバンド

1 両足を肩幅の広さに開く。ミニループバンドを両ヒザの上に渡す。つま先を前に向け、ハーフスクワットの姿勢を保つ

2 おしりの高さを維持したまま、ヒザを真上に上げ、足踏みを行う

POINT 往復 **10回** 視線を上げ、胸を張る。腰が高くならないように、股関節を曲げて行う

イージーフロッシングの さらなる展開

　本書では、イージーフロッシングのテクニックによるファシアの滑走性改善効果に着目し、安全にセルフで使うことができるように、セルフコンディショニングのトレーニング方法に絞って紹介してきました。

　実は、イージーフロッシングが持つ効果は、ファシアの滑走性を改善することだけにはとどまりません。イージーフロッシングテクニックの創始者で、フロッシングの師匠として私が尊敬するスヴェン・クルーゼ氏は、コンプレフロスを使ってのパフォーマンスアップからスポーツリハビリや治療まで、あらゆる場面でこのテクニックを応用しています。

　「イージーフロッシング」アカデミーならびに日本においては、サンクト・ジャパン社が、さらなる展開を用意しています。特にコンプレフロスの局所的に圧をかけることのメリットを利用したトレーニングは、パフォーマンスアップと身体の使い方の改善に、大きな効果を挙げる可能性を秘めています。

・爆発的な力を出してもポジションが崩れない身体づくり
・バランスコントロールに優れた身体づくり
・ケガをしにくい、適応力ある筋肉づくり
・いち早く疲労を回復させるためのフロスリンパテクニック
などに対する期待が高まります。

　たとえば、「見た目には筋肉がついてきたけど、競技の記録に反映してこない」といった悩みがある場合は、次の展開を楽しみにしてください。

　コンプレフロスによる、パフォーマンスアップと身体の使い方に特化したフロッシングで、あなたの身体の可能性がさらに引き出されることを心から楽しみにしています。

著者・モデル紹介

著者

大野有三 おおの・ゆうぞう

「フィジオ・フィット」代表
「イージーフロッシング」アカデミー　マスタートレーナー
サンクトバンド・アカデミー　マスタートレーナー
理学療法士
健康運動指導士
Easy flossing Instructor Course Level 1-6修了
MSI体幹・下肢コース修了

1986年福島県出身。愛知県名古屋市でトレーニング＆リハビリサロン Physio fit（フィジオ・フィット=https://physiofit.jp）」を運営。コンディショニング指導とトレーニング指導を行っている。

実演モデル

金田浩明 かねだ・ひろあき

実演モデル

YUKO ゆこ

ライフテーラー
（https://lifetailor-yuko.com/）

References 引用、参考書籍

1）Easy-flossing Academy Level1～3テキスト/2017年11月26～28日/著者、講師 sven kruse氏

2）Architecture of Human Living Fascia: The Extracellular Matrix and Cells Revealed Through Endoscopy/ Jean-claude Guimberteau (著)/出版 Handspring Pub Ltd; 1版 (2015/10/19)

3）人の生きた筋膜の構造(DVD付き) 内視鏡検査を通して示される細胞外マトリックスと細胞 / Jean-claude Guimberteau (著)/ 出版　医道の日本社 (2018/2/15)

4）解剖・動作・エコーで導くFasciaリリースの基本と臨床―筋膜リリースからFasciaリリースへ (Fasciaの評価と治療)/木村 裕明 (編集)、高木 恒太朗 (編集)/出版 文光堂 (2017/4/1)

5）関節可動域制限 第2版―病態の理解と治療の考え方 沖田 実 (編集) / 出版 三輪書店(2013)

6）人体の張力ネットワーク 膜・筋膜―最新知見と治療アプローチ /Robert Schleip (著)/ 医歯薬出版 (2015/6/2)

7）ムーブメントーファンクショナルムーブメントシステム:動作のスクリーニング,アセスメント,修正ストラテジー/Gray Cook (著)、中丸宏二 (翻訳)、小山貴之 (翻訳)/ナップ (2014/1/30)

8）運動機能障害症候群のマネジメント理学療法評価・MSIアプローチ・ADL指導 / Shirley A.Sahrmann (著)、竹井 仁 (翻訳)、鈴木 勝 (翻訳)/ 医歯薬出版 (2005/4/1)

9）続 運動機能障害症候群のマネジメント頚椎・胸椎・肘・手・膝・足 /Shirley A.Sahrmann (著)、竹井 仁 (翻訳)、鈴木 勝 (翻訳)/ 医歯薬出版 (2013/5/1)

10）Vodder式 リンパドレナージュ手技　ペーパーバック/ Hildegard Wittlinger (著)/ 日本DLM技術者会/キベプランニング; 初版 (2012/4/11)

11）加圧トレーニングの理論と実践/佐藤 義昭 (編集)、中島 敏明 (編集)、石井 直方ほか (編集)/KSスポーツ医科学書 (2007/5/12)

12）ファンクショナル・エクササイズ―安全で効果的な運動・動作づくりの入門書/川野 哲英 (著)/ブックハウス・エイチディ; 初版 (2004/1/31)

おわりに

　この本を手にとってくださったあなたのために、この本を書きました。あなたは、あなた自身か、もしくはあなたの大切なだれかが身体に悩みを抱えているために、この本を手にしてくださったのだと思います。私自身も長年スポーツをやってきて、多くのパフォーマンスの課題にぶちあたり、その度に挫折をくり返しながら乗り越えてきました。また、治療家、トレーナーとして多くのクライアント様に出会い、クライアント様と二人三脚で身体の悩みに向き合って乗り越えるサポートをさせていただきました。サポートする中で、コンプレフロスによって多くのクライアント様の願いをかなえることにつながりました。

　ストレッチ、治療、その他多くの方法を試して諦めかけていたあなたが、フロッシングテクニックの活用によって、なりたかったあなたになれることを切に願います。あなたの身体は無限の可能性に満ちています。今までになかったほどの良好な身体のコンディションを手に入れるために、コンプレフロスがサポートしてくれるでしょう。あなたの人生は、あなたの身体が変わることによって素敵な未来が訪れる可能性にあふれています。

　この本をきっかけとして、あなたが自らの身体と向き合う勇気を持ち、そ

　して、身体が変わる可能性に気づけたら、私の目標はひとまず達成です。あなたには、あなたの目標がきっとあると思います。コンプレフロスを毎日少しずつ使い、身体を変化させてください。目標達成へのあなたのチャレンジを心から応援しています。

　英語がわからない私にイージーフロッシングのテクニックを快く授けてくださったスヴェン・クルーゼ氏、フロッシングについての著作をご依頼いただくとともにコンプレフロスをご紹介いただいた、株式会社サンクト・ジャパン代表取締役社長の秋田豊氏、ならびに同社のスタッフの皆さん、本書の研究紹介のコラムや手術時のファシアの見学を快く承諾くださった、北里大学大学院医療系研究科整形外科学教授であり、股関節手術の第一人者である高平尚伸先生、日本におけるコンプレフロス研究の第一人者であり、本書のモデルを引き受けてくださった金田浩明先生、本書の制作に多大な尽力をいただいた制作チームの皆さん、いつも私を支えてくれる大切な妻のかほり、元気をくれる大切な息子のはる、そして、私に学びとやりがいをくださるクライアントの皆様に、心より感謝いたします。

　　　　　　　　　　　　　　　　　　　　　　　　　　　　　大野有三

デザイン	Othertwo/studio
映像制作	渡辺 雄志
写真	馬場 高志
	Getty Images／Shutterstock
イラスト	齋藤 恵
編集協力	長沢 潤／中谷 希帆
協力	株式会社サンクト・ジャパン
	https://www.sanct-japan.co.jp

セルフチェックと動画でよくわかる！
イージーフロッシング マニュアル

2019年6月28日　第1版第1刷発行
2023年1月31日　第1版第3刷発行

著　者　大野有三
　　　　おおのゆうぞう
発行人　池田哲雄
発行所　株式会社ベースボール・マガジン社
　　　　〒103-8482 東京都中央区日本橋浜町2-61-9
　　　　TIE浜町ビル
　　　　電話 03-5643-3930（販売部）
　　　　　　　03-5643-3885（出版部）
　　　　振替口座　00180-6-46620
　　　　https://www.bbm-japan.com/

印刷・製本　広研印刷株式会社

©Yuzo Ohno 2019
Printed in Japan
ISBN 978-4-583-11231-2 C2075

※定価はカバーに表示してあります。
※本書の文書、写真、図版の無断転載を禁じます。
※本書を無断で複製する行為（コピー、スキャン、デジタルデータ化など）は、
私的使用のための複製など著作権法上の限られた例外を除き、禁じられて
います。業務上使用する目的で上記行為を行うことは、使用範囲が内部
に限られる場合であっても私的使用には該当せず、違法です。また、私的
使用に該当する場合であっても、代行業者等の第三者に依頼して上記行
為を行うことは違法となります。
※落丁・乱丁が万一ございましたら、お取り替えいたします。